LECTURAS PARA HOY

LECTURAS PARA HOY

Anthony Papalia
Director of Foreign Language Education
State University of New York at Buffalo

José A. Mendoza
Chairman of the Department of Foreign Languages
Bishop Neumann High School, Williamsville, New York

Anthony Papalia and José A. Mendoza
are the authors of
Por Fronteras Culturales.

When ordering this book, please specify:
either **R 129 P** *or* LECTURAS PARA HOY

AMSCO SCHOOL PUBLICATIONS, INC.
315 Hudson Street, New York, N.Y. 10013

ISBN 0-87720-512-4

LECTURAS PARA HOY

Originally published under the title *Lecturas de ahora y del mañana*

Printed in the United States of America

FOREWORD

The purpose of this reader is to review practical idioms and vocabulary, to stimulate conversation, and to generate new language habits through adaptation and variation of roles. The selected idioms and vocabulary are arranged by topics and should be reviewed by the teacher through situational pictures or flashcards. Moreover, the selections reflect universal problems and present contrastive cultural points.

Each story or essay is followed immediately by a glossary, titled "Consultando el diccionario," that the student can consult to find the meanings of unfamiliar words and expressions encountered in the *lectura*. The definitions given in these glossaries are in Spanish, in conformity with audio-lingual principles.

—The Authors

CONTENTS

TOPICAL VOCABULARY

LECTURAS PARA HOY

1. LA BATERÍA

La estación de ferrocarriles parecía desierta. Alfonso caminaba agarrado de la mano suave de su amiga de siempre, Edilma. Era temprano y aunque el sol estaba brillante, las montañas en el horizonte no se distinguían claramente; parecían envueltas en una neblina tenue.

— ¿Me escribirás todos los días, Alfonso? — le preguntó Edilma.

— Sí, cada vez que tenga tiempo — le contestó Alfonso. — Tú sabes que debo practicar constantemente, si es que quiero ganar el campeonato de esquí, y la copa de los Andes.

En la lejanía se oyó el ruido del tren y el pito de la locomotora. Cuando el tren llegó, Alfonso tomó sus maletas y se dirigió a él seguido de Edilma.

— ¡Cuídate mucho, Alfonso! Más que todo acuérdate de enviarme unas tarjetas postales de ese lugar de esquiar.

— Te lo prometo — respondió Alfonso besándola.

Subió al tren, se sentó cerca de la ventanilla y se quedó mirando a su amiga mientras que el tren se alejaba en la distancia. El viaje no fue largo y pronto estuvo en un pueblecito de la cordillera de los Andes. Se dirigió al hotel y mientras pagaba su cuarto, preguntó por las condiciones para esquiar.

— Las condiciones son inmejorables y este año tenemos una nueva instructora y vigiladora. Se llama Diana y es esa señorita que está sentada cerca de la ventana con blusa azul y pantalones pardos — dijo el gerente.

Alfonso se volvió y se quedó viendo con gran admiración a aquella esbelta y hermosa chica. Tenía unas formas muy perfectas y unos cabellos rubios como el oro. Una cosa le llamó la atención: sus ojos azules profundos tenían una mirada fría.

Se dirigió a su cuarto y en un momento fugaz se vistió con altas botas, gruesos calcetines, camisa gruesa de lana y una chaqueta roja para esquiar. Salió del hotel y se puso sus esquís mientras Diana daba instrucciones a unos chicos. De repente
5 el gerente gritó:

— ¡Diana! ¡Diana! Un chico ha tenido un accidente en la colina del medio.

Ella prestamente[1] se dirigió al cable remolcador, y subió la colina. Luego con una velocidad muy estable se dirigió loma abajo. Alfonso la veía moverse tan veloz que pensó que tenía alas en sus tobillos y que flotaba en el aire en vez de esquiar sobre la nieve.

Diana regresó en un abrir y cerrar de ojos con el chico en los brazos. El gerente lo llevó a la enfermería y ella continuó
15 dando instrucciones. Alfonso la miraba con admiración y pensaba en cómo impresionar a aquella chica que parecía una muñeca. Por eso, tomó el cable y se dirigió a lo más alto de la colina. Se lanzó loma abajo haciendo galas[2] de esquiador y tomando mucha confianza en sí mismo. Pero no calculó bien el salto: de pronto, en una pequeña duna de la colina, perdió el equilibrio y rodó colina abajo. Entre la nube de nieve que traía consigo vio a Diana venir hacia él. No pudo contenerse de dar un grito, no por sí mismo, sino al ver que Diana perdía también el equilibrio y que caía. La chica rodó un poco y se
25 detuvo cerca de él. No se movió. La llamó y no le respondió. Alfonso se levantó como pudo y se arrodilló a su lado. No respiraba. Estaba muy quieta, inmóvil. La tocó en el rostro y estaba fría. Le buscó el pulso y no se lo encontró. Haciendo un gran esfuerzo y con dolor en un tobillo, la tomó en sus brazos y se lanzó colina abajo. La sentía fría y temía lo peor. El gerente lo vio llegar cojeando y le salió al encuentro. Le preguntó quitándole a Diana:

— ¿Está usted lastimado?

— No se preocupe por mí, Diana está muy mala. Llame a

[1]prestamente—rápidamente
[2]hacer galas—*to show off*

una ambulancia o llevémosla en seguida al hospital — contestó Alfonso nerviosamente.

— No tenga cuidado, yo me encargo de todo; debe ser la batería — contestó el gerente tranquilamente.

Alfonso no comprendió lo que el gerente le dijo, y lo miró con estupor. Se dirigieron al coche y salieron. Al llegar al pueblo, con asombro se dio cuenta de que el gerente se detenía en un lugar que no parecía un hospital. Levantó los ojos hacia el anuncio luminoso que estaba sobre la puerta de entrada del edificio y leyó: «Taller Electrónico». Su rostro se puso lívido y recordó la palabra «batería».

En ese momento dio un grito y se despertó. Se incorporó[3] en la cama y se quedó pensando en el sueño. Recordó que se había dormido leyendo un libro, y que en una de las páginas decía que todo en este mundo moderno tiende a eliminar el sentimiento y que algún día todo llegará a ser mecánico. La figura de la hermosa Diana vino otra vez a su mente y se preguntó: «¿Llegará la vida a ser tan mecánica? ¿Se llegará a crear criaturas tan perfectas como Diana? ¿Cómo se distinguirá entre el robot y el ser humano? ¿Se perderá el sentimiento, y llegará a ser el hombre un robot?» Con todas estas preguntas en su mente, no pudo conciliar el sueño. Ya estaba amaneciendo; tomó su libro y continuó leyendo.

[3]incorporarse—*to sit up*

Consultando el diccionario

amanecer	empezar a aparecer la luz del día
arrodillarse	ponerse de rodillas
asombro	gran admiración; estupor
cada vez que	cualquiera vez que, todas las veces que
cojear	andar inclinando el cuerpo más a un lado que al otro
cuidarse	guardarse, tener cuidado de su persona

dar gritos	gritar, exclamar de alegría o de dolor
darse cuenta de	llegar a saber o conocer, comprender
de repente	de pronto
dirigirse a	encaminarse a, irse a un lugar determinado
esbelto, -a	bien formado y de gentil altura
llegar a ser	hacerse, convertirse, volverse
muñeca	figurilla de niña o mujer que sirve de juguete a las niñas
neblina	niebla ligera, bruma
vigilador	el que vela sobre una persona o cosa, o que atiende con cuidado, con celo

EJERCICIOS

I. Conteste en frases completas.

1. ¿Cómo parecía la estación?
2. ¿Por qué iba Alfonso a esquiar?
3. ¿Cuánto tiempo duró el viaje?
4. ¿Cómo eran las condiciones para esquiar?
5. ¿A qué se parecía Diana?
6. ¿Por qué se cayó Alfonso?
7. ¿Qué le pasó a Diana?
8. ¿Adónde llevaron a Diana?
9. ¿En qué pensaba Alfonso en su cama?
10. ¿Cuál podría ser otro título para este cuento?

II. Preguntas personales.

1. ¿Llegará la vida a ser mecánica? Explique.
2. ¿Se llegará a crear criaturas tan perfectas como Diana? ¿Por qué?
3. ¿Piensa usted que el hombre perderá el sentimiento humano?
4. ¿Cree usted en sueños? ¿Por qué?

III. Use each of the expressions listed below in a Spanish sentence differing in some way from the sentence in which it appeared in the text.

1. cada vez que tenga tiempo
2. debo practicar
3. cuídate mucho
4. mientras que el tren
5. se vistió con
6. si tuviese alas
7. hizo galas de esquiador
8. dio un grito
9. se dio cuenta de que
10. llegará la vida a ser

Repaso y adaptación

A. Review the following related words and expressions.

el cuerpo humano

1. cabeza, pelo, cabellos, frente, ojos, nariz, boca, labios, dientes, lengua, cuello, garganta, orejas, barba, mejillas, rostro, cara
2. brazo, codo, muñeca, mano, dedos, pulgar, uña, espalda, hombro, corazón, pulmón, estómago, pierna, rodilla, tobillo, pie, dedos del pie
3. oír, escuchar, ver, oler, saborear, gustar, tocar, palpar, tener mal de . . . , tener fiebre, me duele . . . , le duele . . . , se rompió . . .

B. Continue the development of the following topics by composing two or more sentences, each containing words that have been reviewed.

1. Alfonso estaba cansado y se durmió leyendo un libro. En una página decía que en el mundo actual se tiende a eliminar el sentimiento, y que algún día llegará todo a ser mecánico. Durante la noche, Alfonso soñó que se encontraba en la cordillera de los Andes con. . . .
2. En aquel día de invierno había mucha nieve. Por la tarde mis amigos y yo decidimos ir a esquiar. Mientras veníamos

loma abajo haciendo galas de esquiadores, uno de mis amigos. . . .

C. Read the following situation, then play the role of the person indicated in the dialogue.

Juan se rompió la pierna mientras esquiaba. Tuvo que ir al hospital. El médico ha conversado con él al respecto. Juan está preocupado por la escuela.

médico: Tienes la pierna quebrada. ¿Te duele mucho?
Juan: ---------------------

médico: No podrás esquiar por el resto de la temporada.
Juan: ---------------------

médico: ¡Claro! Podrás ir a la escuela pero tienes que tener cuidado.
Juan: ---------------------

médico: ¡Bueno! Llámame si tienes dolor.
Juan: ---------------------

2. LA MODA

En el mundo en que vivimos todo cambia y lo cambiado sigue cambiando. Estos cambios ocurren, primordialmente[1], en las costumbres, en las maneras de vivir, al igual que en la manera de pensar. Todo esto es el resultado del esfuerzo por querer mejorar, por querer progresar. Estos cambios los han ido dictando los avances de la industria, la tecnología y la economía.

Dentro de este desarrollo creado por los cambios de pensar, existen la inseguridad y el extremismo que vemos reflejados, la mar de veces, en la aceptación o la negación de la nueva marea de la moda.

La manera de vestir fue en el ayer algo regional o nacional, de allí el traje folklórico usado para representaciones en concursos o eventos especiales. Hoy día, la manera de vestir de una persona en la calle, en el café, en el juego o en la escuela, no nos puede decir si ella es oriental, europea o americana, porque la moda se ha hecho universal.

La moda es hoy ante todo negocio, y un negocio lucrativo[2]. Cada creador lucha tenazmente para ganar el mercado mundial con sus productos. En esta lucha, el modista, al hacer su propaganda, despliega su conocimiento en la sicología y en las técnicas modernas. Él trata así de convencer al consumidor de que el estilo del modista era la moda que el consumidor estaba buscando, y que por lo tanto lo hará diferente y hasta exclusivista.

Los genios de la creación, en su afán de negocio, deciden cada año el largo de la falda, el estilo de las mangas y del cuello de la blusa, la forma del talle, y los pliegues del vestido, en la mujer. En la moda masculina, el sastre da el tono en el ancho de los pantalones, el diseño de la corbata, la línea de la camisa «sport», o en la cantidad de botones que debe tener la chaqueta.

Año tras año, estación tras estación, los creadores de la moda

[1]primordialmente—principalmente
[2]lucrativo—*profitable*

presentan en los bazares, en los desfiles de moda, el tono de color que se debe usar: desde el esquiar hasta el traje de una ceremonia, desde el vestirse diario hasta el trajecito o vestido mono para el viajar. Hasta en los oficios, profesiones, departamentos públicos, y en las escuelas, vemos moda distintiva — y ésta también ha ido cambiando a tono con la tecnología actual y la necesidad.

Los cambios del vestir influyen notablemente en el corte del cabello y del peinado. Así, se pueden ver peinados altos, pelo suelto al natural, rizado, o recogido en un moño a la nuca[3]; de corte redondo, largo, o corto. Pero hay algo más. Estos estilos deben ir, generalmente, a tono con la forma y el color del zapato. Así se ven zapatos de tacón alto o bajo; tacón delgado o grueso; zapatos de punta o chato; zapatos de charol, de tela, o de cuero. Pareciera que modistas, sastres, barberos, y zapateros trabajan juntos para impresionar favorablemente al público, y por lo tanto ganarse el mercado mundial.

[3]nuca—parte de atrás del cuello

Consultando el diccionario

afán	trabajo excesivo y duro
a tono con	según
concurso	certamen, competencia
desplegar	mostrar
esfuerzo	empleo enérgico de la fuerza física contra alguna resistencia; ánimo; vigor
hacerse	llegar a ser, volverse, convertirse
la mar de veces	muchas veces

marea	movimiento alternativo y periódico de ascenso y descenso de las aguas del mar
negocio	comercio
pliegue	doblez hecho para adornar o para otro fin en la ropa
talle	la cintura, apariencia
vestido mono	traje bonito o lindo

EJERCICIOS

I. Seleccione la respuesta.

1. En el mundo todo cambia porque

a. se desea cambiar las costumbres
b. es bueno para la economía
c. se quiere adelantar
d. la tecnología retrasa

2. El modo de vestir se ha hecho

a. nacional *b.* cosmopolita *c.* regional *d.* europeo

3. En la moda el artista muestra

a. que no le importa el dinero
b. que no sabe mucho acerca de ropa
c. un conocimiento de sicología
d. un conocimiento de las mareas

4. Los creadores de la moda

a. imponen las líneas del vestido
b. muestran un extremismo
c. luchan para economizar
d. quieren un mercado nacional

II. Preguntas personales.

1. En su opinión, ¿por qué sigue la moda cambiando?
2. ¿Qué piensa usted de la moda de hoy día?
3. ¿Piensa usted que la moda se ha hecho universal?
4. ¿Piensa usted que debe haber correlación entre el vestido, el peinado, y los zapatos? Comente.

III. Use each of the expressions listed below in a Spanish sentence differing in some way from the sentence in which it appeared in the text.

1. al igual que en la manera de
2. todo esto es el resultado de
3. la mar de veces
4. la nueva marea de la moda
5. hoy día la manera de vestir
6. ante todo negocio
7. el sastre da el tono
8. año tras año los creadores de la moda
9. desde el esquiar hasta
10. a tono con la tecnología

Repaso y adaptación

A. Review the following related words.

prendas de vestir

1. blusa, falda, cinturón, vestido, guantes, suéter, bufanda, medias, zapatos, botas, lentes, gafas, anillo, sortija, gemelos, cadena, pendientes
2. traje, camisa, corbata, chaleco, pantalones, chaqueta, calcetines, sombrero, abrigo, impermeable, ropa interior, sobretodo
3. algodón, lana, terciopelo, lino, seda, nilón, rayón, plástico, papel, cuero, piel
4. peineta, mantilla, abanico, sarape, rebozo, zuecos, alpargatas, huaraches, faja, pañuelo, montera, gorra

B. Continue the development of the following topics by composing two or more Spanish sentences, each containing words that have been reviewed.

1. Alfonso vio a aquella chica hermosa y esbelta que se llamaba Diana. El joven volvió a su cuarto, se vistió con. . . . Se lanzó colina abajo esquiando, de pronto perdió el equilibrio. Diana. . . .
2. La moda es un negocio lucrativo. Los cambios ocurren en. . . . y son dictados por los modistas que. . . .

C. Read the following situation, then play the role of the person indicated in the dialogue.

Teresa y Rosita van al centro a comprar un vestido que llevarán en el baile de fin de año. Van de escaparate en escaparate observando los modelos.

Teresa: Me ha gustado mucho el cuello de ese traje.
Rosita: ______________________

Teresa: ¿Qué te parece el precio?
Rosita: ______________________

Teresa: Regresemos más tarde.
Rosita: ______________________

Teresa: Yo busco un vestido sencillo, barato, y amarillo.
Rosita: ______________________

Teresa: Mira qué modelo más lindo. ¿Te gusta?
Rosita: ______________________

LA
RIO

3. LA PROMESA

Felipe era feliz, tan feliz que se creía el más afortunado de todo el mundo. Se sentía de este modo desde que supo que había sido escogido como estudiante de intercambio. Ir a los Estados Unidos había sido siempre su sueño; ahora ese sueño iba a realizarse[1]. El destino es así a veces, y por eso estaba allí, en el aeropuerto, con sus familiares y amigos listo a tomar el avión para salir a su aventura. Iba a estar lejos de su hogar[2], por primera vez, y sin embargo no le afligía. Todo lo contrario, quería verse pronto en tierra estadounidense. Abordó el avión después de abrazos, besos, recomendaciones, encargos, y unas lágrimas.

Después de un viaje perfecto, el avión aterrizó en el aeropuerto internacional de Miami, en donde tenía que cambiar de vuelo. Salió del avión, y, por la primera vez en su vida, se sintió que estaba solo y por delante de un ambiente extraño. Aquella alegría que había tenido al salir de su suelo nativo se iba convirtiendo en ansiedad y dudas. Por primera vez, echó de menos[3] a su tierra nativa.

Después de dos horas de espera, tomó el avión que lo llevaría a su meta. Mientras subía la escalera, recordó la regla de oro que su padre le había enseñado al salir de su tierra: «observa, analiza, y actúa como los demás actúan, y todo saldrá bien.» Tomó un asiento cerca de una ventanilla y pasó el tiempo del viaje observando las nubes y soñando. Después de unas horas de vuelo, llegó a su meta: Buffalo en el estado de Nueva York.

Miró hacia afuera y vio que todo lucía blanco; nevaba. Se puso aquel abrigo que traía y que usaba por primera vez, y salió preguntándose: «¿Cómo será mi familia americana?»

Al llegar Felipe al vestíbulo del aeropuerto, un señor muy alto de cara amable se le acercó, y le preguntó en inglés:

— ¿Eres Felipe González?

[1]realizarse—hacerse real, llegar a ser verdad o cierto
[2]hogar—casa o domicilio
[3]echar de menos—sentir nostalgia

— Sí, señor. ¿Supongo que usted es el señor Adam Green? — dijo con inseguridad.

Al lado del señor estaba una señora y una chica rubia y hermosa de unos diez y seis años de edad. Después de las presentaciones, supo que la señora se llamaba Eileen y la chica Nancy. Aquélla sería su familia americana.

En un coche grande y bonito se dirigieron a la casa. En aquella casa blanca y amplia, quc parccía scr poseída por una familia rica, Felipe pasaría un año. Le destinaron un cuarto para él sólo, y en una cama blanda[4] se tiró a descansar y a pensar en la situación en la cual se hallaba. No había hijos en la familia sino una chica y de su edad. ¿Lograría terminar el año escolar? ¿Podría él calmar la nostalgia que ahora sentía? Se levantó y miró hacia afuera. Nevaba. ¡Qué contraste comparado con lo soleado y lo cálido del verano que había allá en su tierra nativa!

Asistió con Nancy a una escuela pública. Pronto se dio cuenta de que su familia americana era de la clase media, y que en la escuela todos los chicos y las chicas se trataban al igual. Los amigos de Nancy lo aceptaron, y él se ganó la amistad de la mayoría de los otros condiscípulos. Fue invitado, por más de uno, a participar en las actividades sociales, culturales, y deportivas. Fue comprendiendo cada vez más a aquellos chicos de costumbres diferentes a las suyas.

Sus «padres» americanos eran muy amables y durante los fines de semana lo llevaban a ver lugares de atracción turística o a otros familiares. Felipe asombraba a todos por su enorme interés en conocer la historia, la tradición, y la cultura de los Estados Unidos.

En la escuela formó parte del equipo de balompié en donde se hizo notar. En los bailes era uno de los más alegres y se divertía mucho. El año escolar fue pasando más rápido de lo que pensó, y los lazos de comprensión y de amistad entre él y Nancy iban creciendo. Llegó la víspera de su regreso, y con dolor vio que hasta en su interior una voz le decía que se

[4]blando—suave, flojo, muelle

quedara. ¿Qué hacer? ¿Había él cambiado tanto?

Pensando en estas preguntas, quiso analizar las razones de su cambio. Empezó por el modo de vida en la familia, y se dio cuenta de que en la familia americana había una gran oportunidad para que los chicos aprendieran, desde temprano, 5 a tomar decisiones, y que se pudieran discutir con los padres los problemas y las aspiraciones. Además, el problema tan profundo entre ricos y pobres que existe en la América latina aquí parecía haber dejado de existir al haberse creado una amplia clase media que disfruta de mucha comodidad. En la escuela existen mayores facilidades de biblioteca, laboratorios, y hasta una gran diversificación de actividades extracurriculares, y una gran flexibilidad en los programas de enseñanza. Había admirado la manera pacífica con que se llevaron a cabo las elecciones políticas, en vez de aquella violencia y de golpes 15 militares que recordó de su tierra. Al pensar en estas cosas se dijo: «¡Qué feliz sería yo, si pudiera instituir estos cambios en mi país!» Decidió, en ese momento, hacerse trabajador social, y así luchar para hacer ver la necesidad de mejorar el entendimiento entre los niveles de vida en su país.

Mientras cenaban, el joven habló de su proyecto con su familia americana. Nancy le escuchaba con admiración al ver el calor de confianza en su palabra. Dio las gracias a sus padres americanos por haber sido ellos, los que indirectamente habían creado este proyecto en su corazón. 25

Aquel día, mientras Felipe esperaba su vuelo de regreso en el aeropuerto, Nancy se le acercó, y, con voz baja y emocionada, le dijo:

— Te prometo que voy a solicitar plaza[5] en el Cuerpo de Paz, e iré a tu país a ayudarte en tus proyectos.

Los dos se abrazaron, y con una mirada llena de amor, se dijeron:

— Hasta luego.

[5]solicitar plaza—solicitar un puesto, solicitar empleo

Consultando el diccionario

acercarse	ponerse cerca o a menos distancia; llegar más cerca
asombrar	causar admiración o extrañeza
aterrizar	tocar a tierra en aeroplano; descender a tierra un avión
condiscípulo	compañero de estudios; camarada de colegio
dar las gracias	agradecer
disfrutar	percibir o gozar de los productos y utilidades de una cosa
escogido, -a	seleccionado, preferido
lazo	unión; vínculo sentimental; nudo de cintas o cosa semejante que sirve de adorno
lucir	parecer; vestir bien; distinguirse; brillar; resplandecer; sobresalir
llevar a cabo	realizar; ejecutar una cosa; concluir una cosa
meta	fin a que se dirigen las acciones o los deseos de una persona
soleado, -a	expuesto al sol por algún tiempo
suelo nativo	la patria; lugar de nacimiento
víspera	día anterior a la fiesta

EJERCICIOS

I. Conteste en frases completas.

1. ¿Por qué estaba Felipe contento?
2. ¿Cómo fue el viaje?
3. ¿Cuál es la regla de oro que su padre le había enseñado?
4. ¿Quiénes le esperaban en el aeropuerto?
5. ¿Era rica su familia americana?

6. ¿En cuáles actividades escolares participó?
7. ¿Por qué no quería Felipe regresar a su país?
8. ¿Cómo eran las elecciones políticas en su país?
9. ¿Qué decidió Felipe hacerse?
10. ¿Qué le prometió Nancy?

II. Preguntas personales.

1. ¿Cuáles son las diferencias entre las casas estadounidenses y las suramericanas?
2. Si usted fuera a un país extranjero, ¿qué echaría de menos?
3. ¿Le gustaría a usted ser un estudiante de intercambio? ¿Por qué?
4. ¿Qué haría usted para mejorar el entendimiento entre los países?

III. Use each of the expressions listed below in a Spanish sentence differing in some way from the sentence in which it appeared in the text.

1. se creía el más afortunado
2. se sentía de este modo
3. así es a veces
4. iba a estar lejos de su hogar
5. al llegar al vestíbulo
6. se dirigieron a la casa
7. me hallé
8. se hizo notar
9. iba creciendo la amistad
10. llevar a cabo las elecciones

Repaso y adaptación

A. Review the following related words and expressions.

medios de transporte

1. avión a hélices, avión a chorro, aeropuerto, aterrizar, despegar, vuelo
2. bote, barco, puerto, barco de vela, transatlántico, submarino, yate, motonave

3. autobús, subterráneo, metro, tren, taxi, camión, bicicleta, motocicleta, estación (de ferrocarril, de autobuses)
4. camino, autopista, carretera, calle, avenida, paseo, plaza, tránsito, puente, túnel, cruce del camino
5. coche, capó, reja, faros o luces, parachoques, limpiadores (*windshield wipers*), parabrisa, espejo de retrovisión, llanta, volante, rueda, tirador, guardabarros, ventanilla, puerta, tapa del cubo (*hub cap*)
6. por avión, por barco, por tren, a pie, a caballo, en coche, en autobús

B. Continue the development of the following topics by composing two or more Spanish sentences, each containing words that have been reviewed.

1. Felipe estaba contento porque había sido escogido como estudiante de intercambio. Abordó el avión, y después de unas horas llegó a su meta. Los señores Green lo esperaban en el aeropuerto y. . . .
2. Nancy le prometió a Felipe que ella iría a solicitar plaza en el Cuerpo de Paz para. . . .
3. Si yo fuera rico me gustaría viajar. Haría un viaje alrededor del mundo usando medios de transportes como: . . . .

C. Read the following situation, then play the role of the person indicated in the dialogue.

Usted está sentado en el avión que va a Chile. Juan le pregunta si puede sentarse al lado suyo. Usted le da el permiso.

Juan: ¿Me permite sentarme?

Ud.: ---------------------

Juan: Espero que tengamos un buen viaje.

Ud.: ---------------------

Juan: ¿Sabe Ud. a qué hora llega el avión a Santiago?

Ud.: ______________________

Juan: ¡Ojalá que haga buen tiempo!

Ud.: ______________________

Juan: A mí me molestan los vacíos de aire.

Ud.: ______________________

4. ENTRE AYER Y HOY

Hoy día, los vehículos ultramodernos y los medios de comunicación van dando al hombre la impresión de que vive en una «sociedad de vecindario». Cualquiera persona puede moverse de norte a sur, o de este a oeste, en unas horas — sin darse cuenta de la enorme distancia que cubre. 5

En el ayer, Magallanes y Elcano gastaron más de tres años en llevar a cabo una gran empresa: dar la vuelta al mundo. Esto, hoy día, es una cosa sin importancia, ya que el viaje de circunvalación lleva menos de dos días, gracias a los aviones de chorro. Además, un astronauta puede cubrir esta distancia varias veces al día, en una cápsula espacial.

Las proezas guerreras del Cid y los triunfos de Roma eran conocidos meses o años más tarde en otras partes de la nación o en otros países. Hoy día, gracias a la radio y a la televisión, se sabe lo que está pasando en el mundo a cada minuto. 15

Una persona sentada en la sala de su casa, mientras afuera hay una enorme tormenta de nieve, puede prender la televisión y ver programas que hacen a uno sentirse transportado a un lugar cálido en el trópico; o ver lo que está pasando, durante el verano, en un país al sur del hemisferio.

Ayer, España necesitaba un año, de promedio[1], para realizar sus negocios con las Indias Occidentales o llevar mercancías al Perú o a la Nueva España. Hoy día, los hombres de negocio llevan a cabo sus transacciones comerciales en unos minutos por medio del teléfono o de la radio. 25

El rey Carlos V, con todo su poderío, no podía saber a ciencia cierta qué tiempo haría mañana. Hoy, escuchamos el reporte del tiempo en la radio o en la televisión, o lo leemos en una columna de la prensa. Así nos enteramos de las condiciones del clima y nos prevenimos adecuadamente.

En el ayer, las personas vegetaban en un lugar a causa de los peligros de viajar o de lo difícil de la comunicación. Hoy

[1]promedio—*average*

día, las personas pueden seleccionar el lugar en donde quieran residir, y, si tienen los medios económicos, vivir en una eterna primavera moviéndose de un lugar a otro.

Existe, como se ve, un cierto control de las distancias y del 5 tiempo en el mundo actual, hasta tal punto que da la impresión de que el globo se ha empequeñecido. Hoy día, si una persona quiere variación, puede cada año tener la Navidad que quiera. Es decir, una Navidad de abrigos, botas, bufandas, o una de comidas al aire libre, ropa veraniega, y clima cálido.

Consultando el diccionario

afuera	en lo exterior, fuera
cálido, -a	que está caliente, que da calor
viaje de circunvalación	viaje alrededor del mundo
dar la vuelta	girar alrededor, tornar
empresa	intento o designio de hacer una cosa; acción ardua y dificultosa que valerosamente se comienza
guerrero, -a	relativo a la guerra; que guerrea; soldado
poderío	imperio; dominio
prensa	periódico, diario, máquina para imprimir
prevenir	conocer de antemano o con anticipación; preparar con anticipación las cosas necesarias para un fin; advertir, informar, o avisar a uno de una cosa
proeza	hazaña o acción animosa; acción valerosa; heroísmo
ropa	prenda de vestir, traje
vecindario	distrito, barrio, conjunto de los vecinos

EJERCICIOS

I. Seleccione la respuesta.

1. Hoy día existe una sociedad de vecindario porque

a. el mundo se ha empequeñecido
b. los astronautas dan vueltas al mundo
c. se viaja con rapidez
d. las distancias ya no existen

2. Dar la vuelta al mundo significa

a. hacer un viaje de circunvalación
b. arduo
c. una empresa peligrosa
d. una empresa importante

3. En su época, las hazañas del Cid eran

a. bien conocidas por todas partes
b. mal comprendidas
c. conocidas gracias a la televisión
d. percibidas años posteriores en muchas partes de Europa

4. Según el argumento del tema, hoy día las personas pueden

a. llevar a cabo muchas empresas
b. seleccionar la fecha en que cae la Navidad
c. elegir su clima favorito
d. dejar vegetar su vida

II. Preguntas personales.

1. Según usted, ¿qué da la impresión de vivir en una «sociedad de vecindario»?
2. ¿Por qué piensa usted que la televisión desempeña un papel importante en el mundo actual?
3. ¿Dónde le gustaría vivir? ¿Por qué?
4. ¿Qué clima prefiere usted tener durante la Navidad?

III. Use each of the expressions listed below in a Spanish sentence differing in some way from the sentence in which it appeared in the text.

1. hoy en día los vehículos
2. los medios de comunicación van dando la impresión de
3. en unas horas se puede
4. dar la vuelta al mundo
5. se sabe lo que está pasando
6. un año de promedio
7. llevar a cabo una gran empresa
8. qué tiempo hará
9. qué tiempo haría
10. hasta tal punto que da la impresión

Repaso y adaptación

A. Review the following related words.

el tiempo

1. ¿Qué tiempo hace? Hace buen (mal) tiempo, hace calor (frío), hace sol, hace fresco, hace un tiempo agradable, hace viento, llueve, truena, relampaguea, hay neblina, ha escampado, hay lodo, hay nieve, está nublado
2. día, tarde, noche, mediodía, medianoche, madrugada, la mañana, atardecer, crepúsculo, anochecer, amanecer
3. lunes, martes, miércoles, jueves, viernes, sábado, domingo
4. enero, febrero, marzo, abril, mayo, junio, julio, agosto, septiembre, octubre, noviembre, diciembre
5. primavera, verano o estío, otoño, invierno

B. Continue the development of the following topics by composing two or more Spanish sentences, each containing words that have been reviewed.

1. La distancia que existe entre los países del mundo, hoy día, ha desaparecido gracias a. . .

2. Miguel y yo nos hemos propuesto una excursión para este fin de semana. Hemos escuchado en la radio el boletín metereológico y. . . .
3. Hacía mal tiempo. Hacía tres días que nevaba, y Miguel decidió ir a esquiar. El coche resbalaba en la carretera y en una curva del camino. . . .

C. Read the following situation, then play the role of the person indicated in the dialogue.

Juan y Miguel hacen los preparativos de viaje. Van a pasar dos meses en la Argentina como estudiantes de intercambio.

Juan: Yo tengo los boletos de ida y vuelta.

Miguel: ---------------------

Juan: Llevo conmigo solamente ropa ligera. Allá es verano, ¿verdad?

Miguel: ---------------------

Juan: Mi madre está empaquetando lo mío, y tú, ¿cómo te las arreglas?

Miguel: ---------------------

Juan: Yo salgo el sábado que viene, en el vuelo cuarenta y dos.

Miguel: ---------------------

Juan: ¿Sabes tú si llueve mucho allá? Mi madre quiere que me lleve un impermeable.

Miguel: ---------------------

SLOW
CURVES
NO
PASSING

5. SE LO DIRÉ

En este mundo moderno, hay cada vez más y más automóviles. Existe una necesidad imperiosa de construir mejores y menos complicadas autopistas. Ciudades como Nueva York, Los Ángeles, Montreal, San Pablo, Caracas, y otras poseen una red de éstas, tan complicadas, que a los visitadores les es muy difícil buscar la manera de entrar o de salir de la ciudad. 5

Además, vivimos en un mundo cambiante y de velocidad. Todo está en continuo y veloz cambio, y lo cambiado sigue cambiando. Pocas cosas quedan igual; una de éstas es el amor.

Linda y Guillermo son dos jóvenes norteamericanos y, como todos los jóvenes, están preocupados por el futuro. Él tiene un coche convertible, rojo y pequeño, que lo usa para ir a trabajar o para dar paseos por las afueras. Los dos jóvenes se citan a menudo. Con frecuencia pasan un buen rato hablando por teléfono, al disgusto de los otros que comparten la línea con ellos. 15

Linda es una chica esbelta, con ojos azules y cabello rubio. Además, es alegre, lista, y divertida. Guillermo, por su parte, es un chico elegante de rostro hermoso, ojos pardos, pelo castaño, y de una contextura atlética. Ambos viven en los barrios de las afueras de la ciudad de Los Ángeles.

Guillermo sabe que tiene el deber de prestar servicio militar, pero el tener que alejarse de su amada lo asusta. Se pregunta: con la distancia, ¿va a enfriarse el cariño de ella? Por otra parte, cuando Linda piensa en el servicio militar y en la guerra, asocia todo ello con la muerte — y ese pensamiento la llena de tristeza. 25

Un día fueron de compras al centro. Agarrados amorosamente de la mano, gozaron de mirar los escaparates y de pensar en el futuro. Ya cansados, al anochecer regresaron al automóvil con unos paquetes.

Después de subir al coche y de abandonar el estacionamiento, salieron rumbo a la autopista. Linda tenía la cabeza coquetamente apoyada en el hombro de él, y pensaba en el futuro. En su mente soñadora, veía un hogar en el campo. Era una casa grande, con muchos cuartos, y en donde los niños se divertían. Soñaba con una serenidad campestre lejos de la ciudad y de los ruidos de los coches. En la radio, de repente, la música fue cortada para dar las noticias. El resumen de las actividades bélicas mundiales interrumpió su sueño de felicidad. Una gran tristeza se marcó en su cara. Guillermo, que venía mirándola con ternura, vio el cambio en su rostro; pasó su brazo rodeando los hombros de ella. Aquellas noticias, al igual que Linda, trajeron ideas contradictorias en su mente, y Guillermo descuidó un poco el manejo. Quería casarse, pero no quería para Linda una vida errante de base en base. Y . . . ¿si venía la guerra? No sabía realmente qué hacer . . . Tenía su obligación moral y su dicha en la balanza del destino. ¿Renunciar al servicio? . . . ¡No, no podría! . . .

Guillermo manejaba un tanto mecánico, dándoles prioridad a las ideas en su mente. Pisaba el acelerador sin darse cuenta, sin mirar el marcador de velocidad, y oprimiendo fuertemente el volante con la mano izquierda. De pronto, un coche se le cruzó . . . quiso evitarlo y cortó muy abrupto . . . no pudo dominar el coche con una mano . . . se fueron contra el parapeto metálico del centro de la autopista.

Inconsciente oyó a lo lejos una sirena. Cuando abrió los ojos, sintió dolores agudos por todo el cuerpo. Estaba en el hospital, y tenía una pierna y un brazo enyesados. Oyó decir que estaba en estado crítico. Se desesperó y preguntó por Linda. Le dijeron que estaba fuera de peligro, pero que tenía unas costillas rotas y contusiones por todo el cuerpo.

Allí acostado, comprendió la gran responsabilidad que tienen los que manejan un coche, porque se juega con la vida de todos los que están en las carreteras. Además, se dio cuenta de que él amaba a Linda, y que no podría separarse de ella. Entonces la respuesta a su problema vino clara a su mente, y se dijo mentalmente: si vivo, se lo diré.

Consultando el diccionario

agarrar	coger; asir fuertemente con la mano; hacer presa o coger con la mano
apoyar	reclinar; hacer que una cosa descanse sobre otra
asustar	espantar, dar susto
acciones bélicas	acciones guerreras
campiña	paisaje campestre; espacio grande de tierra cultivable
contextura	complexión; configuración corporal del hombre
costilla	hueso de las partes laterales del pecho
descuidar	no cuidar de las cosas o no poner en ellas la atención necesaria o debida
dicha	felicidad; suerte
enyesado	cubierto con yeso, materia que se usa para curar una fractura ósea
holgadamente	cómodamente; con holgura; con diversión entre muchos
parapeto	antepecho de las carreteras; baranda que divide la carretera
red	conjunto sistemático de vías de comunicación o de caminos
rodear	poner alrededor; cercar una cosa cogiéndola en medio
veloz	acelerado, rápido

EJERCICIOS

I. Conteste en frases completas.

1. ¿Cómo es Linda?
2. ¿Dónde viven los dos jóvenes?
3. ¿Adónde tiene que ir Guillermo?
4. ¿Cuál era el sueño de Linda?

5. ¿Qué daban en la radio?
6. ¿Por qué no quería Guillermo casarse?
7. ¿Cómo manejaba?
8. ¿Por qué chocó contra el parapeto metálico de la autopista?
9. ¿Cuál era la condición de Linda?
10. Si Guillermo vive, ¿qué le dirá a Linda?

II. Preguntas personales.

1. Si usted tuviera que vivir en una área metropolitana, ¿en qué parte de ella le gustaría vivir? ¿Por qué?
2. ¿Por qué debe usted manejar con cuidado?
3. ¿Cuáles son las cualidades que los chicos buscan en las chicas?
4. ¿Cuáles son las cualidades que las chicas buscan en los chicos?

III. Use each of the expressions listed below in a Spanish sentence differing in some way from the sentence in which it appeared in the text.

1. dar paseos por las afueras
2. pasan un buen rato
3. tener el deber de . . .
4. ya cansados
5. se divertían
6. soñaba con
7. pelo castaño y ojos pardos
8. sigue cambiando
9. agarrados de la mano
10. se juega con

Repaso y adaptación

A. Review the following related words.

tratos personales

1. alegre, divertido, aburrido, estudioso, trabajador, perezoso, distraído, esbelto, hermoso, lindo, feo, gordo, flaco, alto,

bajo, gracioso, simpático, amable, listo, bien parecido, elegante, bonito, atractivo
2. rubia, morena, ojos pardos (azules, negros), cabellos castaños (rubios, negros)
3. amoroso, cariñoso, envidioso, celoso, cuidadoso, sentimental, soñador, pensador, hablador, ideal

B. Continue the development of the following topics by composing two or more Spanish sentences, each containing words that have been reviewed.

1. Guillermo tiene un coche convertible, rojo y pequeño, que lo usa para ir a trabajar o para dar un paseo. Un día fue de compras con Linda y, como estaba preocupado, manejaba un tanto mecánico. Un coche se le cruza en el camino y. . . .
2. Mi amiga Teresa, a la par de Linda, es esbelta; tiene esa personalidad que a mí me gusta. Ella es. . . .
3. Pepe tiene temor de que su amiga favorita tenga esas cualidades que a él no le gustan. Ella es un poco. . . .

C. Write 6 or more Spanish adjectives that you would use to describe your best friend.

D. In parts I and II, below, indicate your opinion concerning the most desirable qualities in the opposite sex by rearranging the sequence of nouns in the order of their importance. (Use at least 12 of the nouns in the list.)

I. para los chicos

¿Cuál es el orden de las cualidades que los chicos buscan en las chicas?

fantasía	amabilidad	voluntad
exactitud	servicialidad	cultura
orden	nitidez	gracia

tacto
gentileza
buen carácter
ternura
elegancia
simplicidad
donaire
discreción
humor
fidelidad
jovialidad
inteligencia
belleza
generosidad
facilidad
personalidad

II. para las chicas

¿Cuál es el orden de las cualidades que las chicas buscan en los chicos?

sentido artístico
autoridad
fantasía
fortaleza física
nitidez
cultura
fidelidad
perseverancia
fineza
bravura
donaire
buena educación
ambición
inteligencia
voluntad
gracia
desinterés
energía
tacto
humor
buen carácter
ternura
generosidad
simplicidad
personalidad

6. EL RETORNO

En la vida diaria, es muy común encontrarse con parejas de jóvenes que desean casarse. Al conversar con ellos, viene de inmediato a la mente el dicho de que «todo casado casa quiere». Ya están buscando una vivienda en que económicamente puedan vivir. 5

Por lo general, los recién casados inician su vida en un apartamiento con los cuartos necesarios, y poco a poco van adquiriendo los muebles. Todas las parejas quieren tener hijos, y sueñan con obtener un lugar cómodo en donde los niños crezcan y jueguen con más facilidad. Todos los días van examinando los lugares que están en venta o que se alquilan. Miran con detenimiento el tamaño de la sala, del comedor, de las recámaras, y de la cocina. Observan las ventanas, el baño, el sótano, el desván, y todas aquellas otras cosas que hacen de un hogar un lugar cómodo. Luego, juntos con el vendedor o 15 el propietario, discuten las posibilidades de adquisición.

El tiempo sigue su marcha. Los niños llegan, y parece que crecen con rapidez. El hogar siempre necesita retoques o cambios. Los padres se llenan de orgullo ante las buenas noticias de los hijos, pero se enojan ante las malas; e implantan correctivos.

El tiempo sigue marchando. Los niños pronto son adolescentes, y los padres envejecen. Como adolescentes se hacen colegiales, y surge en esta etapa de su vida el deseo natural de querer libertad y de tener más independencia. Se sienten 25 adultos y responsables, y como tales quieren que se los trate.

Al salir de la escuela secundaria, los jóvenes hallan que el camino se diversifica y se complica. Muchos siguen la universidad, otros buscan trabajo, y los otros aún no se deciden.

Los jóvenes adultos por ley natural buscan el camino del matrimonio. Los niños de ayer vienen a ser los padres de hoy; los jóvenes padres de ayer, los abuelos de hoy.

Todo esto que se ve en lo humano se ve en todas las cosas de la sabia naturaleza. Es un ciclo que se repite y que se sigue repitiendo, como el agua del río que corre al ancho mar para ser evaporada otra vez por el sol, subir y formar las bellas
5 nubes que producen de nuevo la lluvia. ¡Así es la vida!

Consultando el diccionario

adquisición	acción de ganar, conseguir; la cosa ganada u obtenida
alquilar	arrendar; dar o adquirir el uso de las cosas por precio
averiguar	verificar; indagar; buscar la verdad; inquirir la verdad hasta descubrirla
conseguir	obtener, lograr
correctivo	castigo para corregir; lo que tiene virtud de corregir, de enmendar lo errado
detenimiento	cuidado, reflexión, prudencia
enojarse	irritarse; enfurecerse; disgustarse
envejecer	hacerse viejo
etapa	época; período; temporada
pareja	conjunto de dos personas o cosas
por lo general	usualmente, generalmente, por lo común
retoques	última mano que se da a ciertas cosas para perfeccionarlas o hermosearlas
soñar con	dormirse e imaginarse cosas no reales; fantasear
subir	elevar, ascender, levantar, crecer mucho una cosa

EJERCICIOS

I. Conteste en frases completas.

1. ¿En dónde se buscan los lugares que están en venta o que se alquilan?

2. Generalmente, los recién casados, ¿dónde inician su vida?
3. ¿Con qué sueñan los jóvenes esposos?
4. ¿Qué hace de un hogar un lugar cómodo?
5. ¿Por qué se enojan los padres?
6. ¿Cuándo se llenan de orgullo?
7. ¿Por qué se repite el ciclo?
8. ¿Con qué se puede comparar la vida?
9. ¿Qué les pasa a las aguas del río?
10. ¿Se puede uno bañar dos veces en las mismas aguas del río?

II. Preguntas personales.

1. ¿Cuál sería otro título para este tema?
2. En su opinión, ¿qué es un hogar cómodo?
3. ¿Cuándo ve usted a sus padres llenos de orgullo?
4. ¿Qué le gustaría a usted ser en la vida?

III. Use each of the expressions listed below in a Spanish sentence differing in some way from the sentence in which it appeared in the text.

1. encontrarse con parejas que
2. por lo general, los recién casados
3. se ven parejas que
4. se enojan ante las malas noticias
5. en esta etapa de su vida
6. se sienten adultos
7. se alquilan
8. están en venta
9. por ley natural
10. vienen a ser

Repaso y adaptación

A. Review the following related words and expressions.

la casa

1. dirección, calle, avenida, paseo, esquina, acera, árboles, flores, césped, jardín, grama, coche o automóvil, garaje, ladrillo, piedra, madera, puerta, ventana, techo

2. escalera, piso, sala de entrada o sala de recibo, sala de estar (*living room*), comedor, cocina, cuarto de baño, dormitorio o recámara o alcoba, sótano, desván, cuarto de juego
3. muebles, alfombra, escritorio, mesita, sofá, sillón, cama, sábana, almohada, manta, ropero, cómoda, estufa, horno, fregadero, despensa, máquina de lavar, secadora, refrigerador o nevera eléctrica, tostador, bañera, ducha, lavabo, jabón, toalla, cepillo de dientes
4. huerto, jardín, prado, hierba, lago, río, arroyo, quebrada, manantial, cultivar, dar de comer, nadar, pescar, crecer, tenderse

B. Continue the development of the following topics by composing two or more Spanish sentences, each containing words that have been reviewed.

1. Linda era una chica esbelta con ojos azules y cabello rubio. Soñaba con. . . .
2. El ciclo se repite. Esto es el tema del *Retorno* porque. . . .
3. Si voy a comprar una casa, me gustaría una que tenga. . . .

C. Read the following situation, then play the role of the person indicated in the dialogue.

Anita y su mamá visitan una mueblería porque buscan unas piezas que necesitan para el cuarto de estudio.

Mamá: Me gusta mucho este canapé.

Anita: ---------------------

Mamá: Pero el color no rima con las cortinas.

Anita: ---------------------

Mamá: Tu padre no quiere que gastemos mucha plata, y ése es muy caro.

Anita: ---------------------

Mamá: Creo que debemos traer acá a tu padre para que decida.

Anita: ----------------------

Mamá: Espero que haga buen tiempo mañana porque él tiene catarro.

Anita: ----------------------

7. UN RAYO DE SOL

—Y esto es todo por hoy. Para el lunes, quiero que me traigan una composición acerca de cualquiera experiencia feliz que hayan tenido durante el verano — dijo el profesor de español.

Todos los alumnos salieron de aquella aula[1] escolar a la calle. El día había terminado. Era viernes, y todos hablaban de lo que harían durante el fin de semana. Sin embargo, Andrés pensaba en aquella composición que tenía que escribir. El argumento no era difícil, pero sí muy largo para escribirlo.

Por la calle todo era aglomeración, como en cualquiera ciudad capitalina de la América latina. Parecía que toda la población se había conglomerado en una sola ciudad, mientras que el campo permanecía casi deshabitado. ¡Cuánto le gustaría a Andrés ser médico y vivir en el campo! Cambiaría todo, absolutamente todo, por vivir allá, mientras que los habitantes del interior del país aspiran a venir a la capital en busca de fortuna y de mejores escuelas para sus hijos.

Entró en su casa, una casa de vecindad. Familias numerosas vivían en apartamientos pequeños que consistían en sala-comedor, cocina, y recámara. ¿Tendrá él, algún día, la oportunidad de salir de esa pobreza? Se tiró en la cama, colocó las manos en la nuca, y se puso a pensar en su experiencia veraniega.

Hacía un año que conocía a Manuel, y sobre él basaría su composición. Recordaba perfectamente cómo lo había conocido. Habían hecho amistad en las clases en que eran condiscípulos. Con el pasar de los días, la amistad se fue solidificando.

Un día, ya casi a finales de ese año, Manuel le propuso pasar las vacaciones de verano en su casa.

— Pasarme el verano entero no creo que pueda — respondió Andrés. -- Tú sabes que tengo que trabajar durante el verano

[1]aula—sala de clase; salón

y ahorrar dinero para pagar los gastos de la escuela; pero podría estar allá un par de semanas — dijo Andrés muy feliz.

Un día de sol, salieron en un autobús rumbo al pueblo de Manuel. Andrés, durante todo el camino, contemplaba la belleza del panorama.

El pueblo de Manuel tenía construcciones muy españolas, y un ambiente de familiaridad que no existe hoy día en las ciudades. A Andrés le gustó aquello de inmediato[2], y dijo:

— Yo cambiaría todo por vivir en un lugar como éste. Desde hoy mi meta será venir a vivir al interior.

La familia de Manuel les esperaba en la puerta. La casa le asombró. Una sala grande señorial, un comedor espacioso, alcobas grandes con ventanas al patio, en donde se veían árboles de naranjas, mangos, y otras frutas. ¡Qué contraste con su casa de vecindad!

Los amigos de Manuel le tomaron cariño a Andrés, quien era un chico listo, con una inteligencia despierta para adaptarse a todo. Más aún, el padre de Manuel le tomó mucho cariño al saber que anhelaba estudiar medicina. Por eso, el día antes de su regreso a la capital, le dijo en un aparte:

— Andrés, quiero pedirte un favor.

— Lo que me pida es promesa que le hago, don Salvador — le respondió Andrés.

— Mi hijo no quiere ser médico y tú adoras la profesión. Ayúdame haciéndole ver lo bonito de ésta. Manuel adora a su maestro de escuela, y por eso quiere ser maestro. Sé que es una gran profesión, pero se necesita un médico en este pueblo.

Poblada su mente de recuerdos, Andrés se levantó de la cama para ir a buscar a su amigo Manuel.

Caminaba pensativo, cuando de pronto oyó que le llamaban. Reconoció la voz y se volvió. Era Manuel.

— Tengo una noticia para ti — le dijo Manuel — mi padre, finalmente, ha consentido en que yo estudie magisterio.

[2]de inmediato—inmediatamente

Además, ha decidido agrandar la tienda que tiene, y va a necesitar, durante los veranos, un chico que trabaje con él. Me ha pedido, en la carta, que te convenza para que vengas a trabajar con nosotros. Vivirás en mi casa y te dará buen sueldo. Él espera, al mismo tiempo, convencerte poco a poco 5 para que, una vez que te gradúes en medicina, vengas a trabajar en nuestro pueblo. Allí se necesita mucho un buen médico.

Felices continuaron caminando. Manuel iba a estudiar lo que quería, y Andrés vio en estos acontecimientos un rayo de sol que alumbraba el camino de su vida. Pensó en la vida feliz y cómoda que tendría como médico. De repente se paró, dio un «Eureka», y, volviéndose a su amigo, le dijo:

— Manuel, he hallado el título para mi composición de español: «Un rayo de sol».

Consultando el diccionario

ahorrar	guardar una parte de lo que se gana; poner aparte cierta cantidad del sueldo
alumbrar	dar luz, claridad, poner luz en algún lugar
anhelar	soñar; aspirar; tener ansia o deseo vehemente de conseguir alguna cosa
aula	sala de clase; salón
cariño	aprecio, estimación, afecto, amor, saludo
gastos	desembolso; el dinero que se gasta
estudiar magisterio	estudiar para hacerse maestro
mientras que	entretanto, durante el tiempo en que
nuca	cuello; parte alta de la cerviz, correspondiente al lugar en que se une el espinazo con la cabeza
ponerse a	empezar a, comenzar a
sueldo	salario, honorario, remuneración, paga

tirarse	arrojarse, abalanzarse, tenderse, tumbarse
veraniego	perteneciente o relativo al verano

EJERCICIOS

I. Conteste en frases completas.

1. ¿Qué debía escribir Andrés?
2. ¿Qué le gustaría ser?
3. ¿Dónde vivía?
4. ¿Dónde pasó Andrés las vacaciones de verano?
5. ¿Por qué le asombró la casa de Manuel?
6. ¿Cómo era el pueblo de Manuel?
7. ¿Por qué don Salvador le tomó cariño a Andrés?
8. ¿Qué quería ser Manuel?
9. ¿Dónde trabajaría Andrés durante los veranos?
10. ¿Por qué exclamó Andrés «Eureka»?

II. Preguntas personales.

1. ¿Dónde le gustaría a usted pasar las vacaciones? ¿Por qué?
2. ¿Cuál es la profesión que más le gusta? Explique.
3. ¿Cuál es una experiencia feliz que usted ha tenido durante el verano?
4. Describa usted a un amigo leal.

III. Use each of the expressions listed below in a Spanish sentence differing in some way from the sentence in which it appeared in the text.

1. quiero que me traigan
2. pensar en aquella composición
3. se tiró en la cama
4. no creo que pueda
5. mi meta será
6. más aún, le tomó cariño
7. sé que es una gran profesión
8. para ti
9. convencerte poco a poco
10. continuaron caminando

Repaso y adaptación

A. Review the following related words and expressions.

las ocupaciones

1. médico, enfermera, enfermedad, fiebre amarilla, fiebre escarlatina, reumatismo, sarampión, tifoidea, viruela, ataque cardíaco, pulmonía, catarro
2. farmacéutico, boticario, receta, medicina, píldora, vitamina, aspirina, esparadrapo, algodón, gasa, termómetro, mostrador, tarro, frasco, mortero, ungüento
3. abogado, licenciado, letrado, juez, dentista, ingeniero, profesor, maestro, cura, arquitecto, banquero, periodista, contador
4. comerciante, agricultor, pescador, plomero, electricista, sastre, zapatero, barbero o peluquero, modista, carpintero, panadero, carnicero, mozo

B. Continue the development of the following topics by composing two or more Spanish sentences, each containing words that have been reviewed.

1. Andrés era de familia pobre y vivía en un apartamiento pequeño que consistía en una sala-comedor, cocina, y recámara. ¿Tendrá él la oportunidad de salir de esa pobreza y ser médico? Don Salvador lo ayudó cuando agrandó la tienda y. . . .
2. Una de las decisiones más importantes en esta vida es la de escoger una carrera y contribuir con algo positivo a la sociedad. A mí me gustaría ser. . . . porque. . . .
3. Era un día de sol y en un coche pequeño salimos rumbo al campo. Durante el camino yo contemplaba el panorama y pensaba. . . .

C. Read the following situation, then play the role of the person indicated in the dialogue.

Roberto no se ha sentido bien últimamente, y hace una cita con el médico de la familia. En el despacho del doctor habla con la secretaria.

Secretaria: Supongo que Ud. tiene cita con el doctor Marín.

Roberto: ______________________

Secretaria: Ahora me acuerdo. Lo siento.

Roberto: ______________________

Secretaria: El doctor Marín está ocupado. Usted tendrá que esperar quince minutos.

Roberto: ______________________

Secretaria: Usted luce pálido.

Roberto: ______________________

Secretaria: ¿Podrá esperar o quiere que llame al médico?

Roberto: ______________________

8. LA CIUDAD Y EL CAMPO

Una de las más difíciles decisiones que el hombre tiene que hacer, con frecuencia, es la de determinar dónde quiere vivir. Algunos sueñan con vivir en las ciudades, mientras que otros desean residir en pequeños pueblos o en el campo. Si se les preguntara si son felices en el ambiente en que se agitan, se notaría en seguida una inseguridad en la respuesta. Parece que nadie vive en el lugar en que desea vivir. Sin embargo, ¿cuántas personas no echan de menos el lugar que habían abandonado por ese deseo de cambio?

Cuando se cruza un camino situado en el campo, se ven viviendas diseminadas que hacen pensar sobre el motivo de sus dueños para seleccionar ese lugar. En contraste, ¿cómo pueden otros vivir en un cuartucho de una casa de vecindad?

La ciudad atrae a los hombres con sus luces, su música, y su industriocidad. Allí los hombres se sienten pequeños ante la magnitud de los edificios o la aglomeración de las calles y de las avenidas. Allí todo lo tienen cerca. Los almacenes, con sus escaparates que lanzan el último grito de la moda o el último estilo de muebles, hacen soñar. Los letreros luminosos de neón que anuncian obras teatrales o actos de arte o lugares de diversiones despiertan el deseo de gozar de la vida cosmopolita en toda su magnitud.

El campo, en contraste, luce lento y quieto, como si todo allí se hubiera detenido. Todo es pacífico, y hay que ir lejos para adquirir las cosas. Pocas son las tentaciones que llevan a los habitantes a adquirir objetos de lujo. Allí la gente vive holgadamente[1], al aire libre y con panoramas abiertos por doquiera. Allí no abundan ni la música ni las luces de neón, sino el cantar del gallo, el balar de los becerros[2], el ladrar de los perros, y el canto de los pájaros. Por luz, la de las luciérna-

[1]holgadamente—con holgura; con diversión entre muchos; con amplitud
[2]balar de los becerros—voz o grito de un toro de menos de un año

gas, de las estrellas, de la luna, o la luz perezosa de los faroles del camino o de las calles cortas. Allí no hay altos edificios para hacerles ver la grandeza del hombre, sino enormes árboles o bosques que les hacen ver la grandeza y la belleza de la sabia naturaleza.

En la ciudad, las oportunidades de trabajo y de estudio son mayores a pesar de la continua y tenaz lucha de supervivencia[3] entre los hombres, la lucha para ganar la vida. Allí se puede conocer cada día a una persona más, para incrementar el círculo de amistades. En el campo, los empleos son pocos y los medios de educación limitados. La mayoría de los agricultores son independientes, en sus trabajos y ocupaciones, y viven como en una gran familia en donde se conocen todos.

La decisión es dura y los gustos son variados. Para muchas personas lo ideal sería vivir en el campo cerca de la ciudad para ir y venir al gusto. Otros preferirían tener casas en ambos lugares y alternar entre la vida emocionante de la ciudad y la tranquilidad del campo.

[3]supervivencia—*survival*

Consultando el diccionario

agitarse	mover con frecuencia y violentamente
a pesar de	no obstante, sin embargo; contra la voluntad o gusto de las personas y contra la fuerza o resistencia de las cosas
cuartucho	vivienda o cuarto malo y pequeño
echar de menos	notar la falta de una persona o cosa; tener sentimiento y pena por la falta de una persona o cosa
escaparate	vidriera; hueco cerrado con cristales, en la fachada de una tienda, que sirve para exponer muestras de las mercancías vendidas en ella
ladrar	voz del perro

letrero	señal, indicación direccional; palabra o conjunto de palabras escritas para noticiar o publicar una cosa; escrito que sirve para indicar una cosa
luciérnaga	insecto coleóptero que despide por la noche una luz fosforescente
lujo	pompa; suntuosidad excesiva
por doquiera	en cualquiera parte; por todas partes
último grito de la moda	el último estilo
vivienda	morada; habitación; casa

EJERCICIOS

I. Conteste en frases completas.

1. ¿Cuál es una de las más dificiles decisiones del hombre?
2. ¿Qué atrae a los hombres a la ciudad?
3. ¿Qué hay en los escaparates de los almacenes?
4. ¿Qué anuncian los letreros luminosos?
5. En contraste, ¿cómo es el campo?
6. ¿Cómo son las oportunidades de trabajo en el campo?
7. ¿Qué hace ver la grandeza de la naturaleza?
8. ¿Cómo son las oportunidades de trabajo en la ciudad?
9. ¿Cuál es lo ideal para muchas personas?
10. ¿Dónde le gustaría a usted residir?

II. Preguntas personales.

1. En su opinión, ¿cuáles son las ventajas de vivir en una ciudad?
2. En su opinión, ¿cuáles son las ventajas de vivir en el campo?
3. ¿Vive usted en el lugar en que siempre ha deseado vivir? Explique.
4. ¿Por qué escogieron sus padres ese lugar de residencia?

III. Use each of the expressions listed below in a Spanish sentence differing in some way from the sentence in which it appeared in the text.

1. echan de menos el lugar
2. hace pensar sobre el motivo
3. hacen soñar
4. luce lento y quieto
5. hay que ir
6. se vive holgadamente
7. para hacer ver la grandeza del hombre
8. a pesar de la continua lucha
9. se conocen todos
10. cerca de la ciudad

Repaso y adaptación

A. Review the following related words and expressions.

la ciudad y el campo

1. metrópoli, barrio comercial, barrio de viviendas, parque, plaza, rascacielos, fábrica, museo, jardín zoológico, mercado, hotel, teatro, cine, club, hospital, iglesia, cuartel de bomberos, cuartel de policía
2. edificio, almacén, farmacia o botica, mueblería, tienda de ropa, joyería, tabaquería, sastrería, dulcería, librería, ferretería, papelería, panadería, carnicería, bodega, tienda de abarrotes
3. hacienda, rancho, finca, granja, hortaliza, jardín, montaña, colina, río, lago, bosque, valle, selva, árboles, huerta, dehesa, cosecha, grano, maíz, trigo, heno
4. establo, ganado, caballo, mula, asno, burro, toro, vaca, cerdo, cordero, gallina, gallo, pavo, perro, gato, pato, cabra

B. Continue the development of the following topics by composing two or more Spanish sentences, each containing words that have been reviewed.

1. Andrés quería hacerse médico y vivir en. . . . Le gustaba. . . .

2. Hacía buen tiempo. Mi amigo y yo decidimos pasar el día visitando el museo y otros lugares en la ciudad. Nos gustó mucho. . . .
3. La ciudad con sus luces, su música, sus almacenes, sus obras de arte y de cultura parece un contraste con el campo, en donde. . . .

C. Read the following situation, then play the role of the person indicated in the dialogue.

Es sábado por la tarde. Juan e Isabel no saben por cuál decidirse — ¿dar un paseo en automóvil por el campo o ir al cine o al museo?

Juan: ¡Qué día tan bonito!
Isabel: ____________________

Juan: No sé qué hacer hoy.
Isabel: ____________________

Juan: Leí que dan una película interesante en el cine Colón.
Isabel: ____________________

Juan: Hay también una muestra de arte moderno en el museo.
Isabel: ____________________

Juan: Por fin, ¿qué haremos?
Isabel: ____________________

ESTÁ
PROHIBIDO
CAZAR

9. ¿QUIÉN NECESITA UN TROFEO DE ANIMAL?

Francisco Ribera tenía un empleo importante. Después del trabajo, iba con frecuencia a su club social, lugar de recreación y de esparcimiento para él y para muchos. Poco a poco, desde muy chico, se había entrenado en muchos deportes, especialmente en el uso de las armas de fuego. Había ganado fama por su gran precisión con la escopeta y con el rifle. Gozaba mucho de ir de cacería por las montañas y los campos. Había conquistado trofeos como cazador y medallas de mérito en las competencias de tiro al blanco.

Algunos amigos le habían sugerido que organizara una gira de cacería por África. Él siempre había contestado que nunca tendría bastante dinero para un safari. Sin embargo, allá dentro de su alma, soñaba con ir al África para obtener trofeos como: la cabeza de un rinoceronte, la de un antílope, la piel de un león y de otros animales que no había en la fauna americana. Por eso, cada domingo compraba tres billetes de lotería con la esperanza de ganarse el premio gordo, pedir tres meses de vacaciones, e irse al África para realizar su sueño.

Un domingo se levantó risueño. Tenía una cita para una merienda en la playa con una chica que lo había impresionado mucho. Ella trabajaba en la misma oficina y estudiaba de noche en la universidad. Además, Francisco había sabido que, para ella, el cazar o matar animales por placer era un crimen contra la creación de Dios. Aquella última información lo hizo interesarse más sobre aquella chica que se llamaba Diana.

En la playa se bañaron y se divirtieron mucho. Francisco pensó que Diana era una excelente compañera, y ella pensó que Francisco era admirable. El día pasó rápidamente. Decidieron reunirse el próximo domingo y pasar el día juntos.

Cuando Francisco regresó a casa, el hermano menor vino a recibirlo diciéndole los números ganadores de la lotería de ese domingo. Francisco había ganado. No lo creía. Dando un grito de júbilo, dijo:

— ¡Ahora podré ir al África!

Al día siguiente, fue a la oficina para solicitar al jefe sus vacaciones. Al saber el jefe la buena noticia se alegró mucho, y le dijo que podría empezar las vacaciones al día siguiente. Francisco llamó a la oficina de inmigración para solicitar el pasaporte, y luego a una agencia de vuelos para hacer reservaciones y conexiones. Fue a los consulados de los países africanos, en donde pensaba ir a cazar, para obtener licencia de cacería.

Los consulados africanos le pusieron obstáculos: le dieron un calendario de cacería que limitó la especie y la cantidad de piezas que podría obtener. Aquellas restricciones de cacerías le sorprendieron y le contrariaron. Sabía que en países como EE.UU., el Canadá, e Inglaterra había tiempo de veda y tiempo de cacería. Pero no sabía que había tales restricciones en África — continente que Francisco consideraba salvaje y lleno de animales feroces. Recibió ciertos folletos de literatura que ojeó a grandes rasgos. Explicaban la belleza de África y la necesidad de proteger todas las especies que dan vida y animan al paisaje.

Al llegar a casa, halló un regalo de Diana: un folleto titulado: «¿Quién tiene la necesidad de un trofeo de animal?» Lo ojeó, y por sus ojos pasaron las razones para conservar las especies. Además, citaba los lugares donde ya no existen casi animales selváticos. Se quedó pensativo y se preguntó: «¿Cuántas personas sabrán esto en Latinoamérica? ¿Por qué no se ponen en práctica las reglamentaciones de cacería?» Se fue interesando en el asunto y siguió leyendo. Unas líneas le llamaron la atención, y volvió a preguntarse: «¿Por qué caza el ser humano? ¿Es necesario que el hombre mate? ¿Es acaso por satisfacción del instinto animal? ¿Sería necesario una reglamentación de cacería?»

Al día siguiente fue a ver a Diana y le dijo:

—He tomado una decisión y te la debo a ti. No iré a cazar en África. Tomaré mis vacaciones, como me había propuesto, 5
y emplearé parte del dinero ganado en la lotería para hacer una campaña de protección de las especies nativas. Además lucharé para exigir una reglamentación de cacería. No quiero decir que no vaya a cazar más, pero tenemos que evitar la eliminación total de nuestra fauna. Anoche me di cuenta de que cazo porque me gusta estar al aire libre y porque me agrada la belleza natural.

Se miraron y se sonrieron. En sus ojos brilló una luz amorosa y juntos decidieron hacer la campaña de protección de la fauna nacional. 15

Consultando el diccionario

entrenarse	ejercitarse; practicar para un deporte o competencia
escopeta	fusil; arma de fuego portátil de uno o dos cañones, que se usa generalmente para cazar
esparcimiento	distracción; recreamiento
folleto	obra impresa, no periódica, que no consta de bastantes hojas para formar libro; obra impresa de poca extensión que no se considera como verdadero libro y no suele encuadernarse
gira de cacería	excursión o viaje con el propósito de cazar
premio gordo	el premio mayor de la lotería pública

ojear a grandes rasgos	mirar de prisa
regresar	retornar; volver al lugar de donde se partió
risueño	que muestra risa en el semblante; de aspecto agradable, alegre; ameno; agradable
solicitar	buscar, pretender una cosa, hacer diligencias para la realización de algún negocio
tener una cita	citarse; avisar a uno señalándole día, hora, y lugar para tratar de algún negocio; llegar a un acuerdo para tener una reunión en un lugar y a una hora determinada
tiempo de cacería	temporada de caza; tiempo de partida de caza; espacio de tiempo en que está permitido cazar
tiempo de veda	espacio de tiempo en que está prohibido por ley cazar o pescar
tirar al blanco	practicar para lograr mejor precisión en el uso de las armas de fuego
vuelo	acción de volar, envergadura de un ave

EJERCICIOS

I. Conteste en frases completas.

1. ¿En qué se entrenaba Francisco Ribera?
2. ¿Qué le habían sugerido unos amigos?
3. ¿Qué trofeos quería obtener?
4. ¿Qué compraba cada domingo?
5. ¿A dónde fue Francisco con Diana?
6. ¿Qué le dijo el hermano menor a su regreso?
7. ¿A dónde podría ir Francisco ahora?

8. ¿Qué le regaló Diana?
9. Después de leer el folleto, ¿qué decidió Francisco hacer?
10. ¿Por qué iba Francisco de cacería?

II. Preguntas personales.

1. ¿Por qué van algunas personas de cacería?
2. ¿Piensa usted que es necesario una reglamentación para cazar? ¿Por qué?
3. ¿Lc gustaría a usted ir al África? Sí o No, y ¿por qué?
4. Si usted se ganara el premio gordo, ¿qué haría?

III. Use each of the expressions listed below in a Spanish sentence differing in some way from the sentence in which it appeared in the text.

1. ir de cacería
2. soñaba con ir a
3. vino a recibirlo
4. al saber la buena noticia
5. para hacer reservaciones
6. siguió leyendo
7. ojeó a grandes rasgos
8. es necesario que
9. llamó para solicitar
10. decidieron hacer la campaña

Repaso y adaptación

A. Review the following related words and expressions.

los animales

1. elefante, rinoceronte, león, tigre, jaguar, leopardo, pantera, culebra de cascabel, serpiente, boa constrictor, cocodrilo, lagarto, jirafa, cebra, antílope, mono, gorila, chimpancé, alce, venado, reno, búfalo, oso, chacal, hiena, zorro, lobo, armadillo, iguana
2. faisán, cisne, cuervo, golondrina, mirlo, paloma, gorrión, ruiseñor, cigüeña, pelícano, cóndor, águila real, flamenco, picamaderos o pájaro carpintero

3. jaula de pájaros, jaula de fieres, uñas, garras, manchas, la leona ruge, el lobo aúlla, el pájaro canta

B. Continue the development of the following topics by composing two or more Spanish sentences, each containing words that have been reviewed.

1. A Francisco Ribera le gustaba ir de cacería. Había ganado trofeos como cazador, y soñaba con ir al África para conseguir otros trofeos. Se ganó el premio gordo de la lotería, y su sueño podría llegar a realizarse, pero. . . .
2. Cuando yo era niño, me gustaba ir al jardín zoológico con mis padres y. . . .
3. Si yo tuviera bastante dinero, iría a. . . .

C. Read the following situation, then play the role of the person indicated in the dialogue.

Pablo y Beatriz caminaban por el jardín zoológico. Iban tomando un refresco y mirando a los animales que estaban en las jaulas.

Pablo: Parece que los leones están aburridos.

Beatriz: ______________________

Pablo: Hay tanta gente hoy.

Beatriz: ______________________

Pablo: Mira a esos niños lo contentos que están. ¡Cómo gozan de echar cacahuetes a los monos!

Beatriz: ______________________

Pablo: Ya estoy cansado de caminar.

Beatriz: ______________________

Pablo: ¿Quieres otra coca cola?

Beatriz: ______________________

10. LA CASA DEL SABER

En la rama de un árbol grande, situado al frente de una escuela, estaba un buho con los ojos medio cerrados. No dormía, pues el ruido de los ómnibuses no se lo permitía. Además, veía a un grupo de palomas preocupadas y discutiendo. De repente, vio que venían hacia él. La que hacía de líder, una paloma que tenía un cuerpo grande y una cabeza pequeña, se le acercó a contarle lo que preocupaba a todas.

— Señor Buho, en las noches cuando usted sale a pasearse, nosotros que dormimos en los alares y en la torre de la escuela no podemos hacerlo últimamente, por el ruido de los coches y la iluminación en los salones. Los padres y amigos de la escuela tienen reuniones casi a diario, y oímos que quieren procurar una mejor educación para los niños. Nosotras no entendemos esto y queremos saber si van a destruir la escuela; si perderemos nuestro refugio, y si no veremos más a nuestros amiguitos, los niños.

El buho, sonriendo con comprensión y como animal de experiencia por sus años y por sus largos estudios, les dijo con mucha calma:

— Amigas mías, hace mucho tiempo que la escuela existe. Tanto en el ayer como hoy, es el lugar donde la juventud va a aprender. Esta misión escolar también será en el mañana, a pesar de la mecanización de la vida. El gran problema de la escuela del pasado, del presente, y del futuro es lo de determinar qué aspectos del ayer se deben conservar y trasmitir. Cada año que pasa, los padres se reúnen con los profesores para informarse del progreso de los niños, y para hablar de programas nuevos. La aspiración es la de individualizar la instrucción. Todo esto es necesario discutirlo, porque la escuela trasmite un pasado a un presente inestable, y preparan aquí a los jóvenes para que vivan en un mundo futuro que es incierto. Los niños van a la escuela primaria, y en este nivel

aprenden a leer y a escribir. En esta etapa escolar, se ponen en contacto con los rudimentos de la historia, las matemáticas, la geografía, las ciencias, y otras materias que empiezan a desarrollarles las facultades mentales. Luego entran en la
5 escuela secundaria o el colegio. En este nivel, las materias de inmediato se van profundizando. El adolescente aprende a analizar y a razonar para que pueda hacer decisiones, ya que la función primordial de la escuela es la de prepararlo para la vida.

La palabra *educación* proviene del latín y significa «guiar» a una persona de la oscuridad hacia la luz, es decir, llevarla de la ignorancia a la sabiduría.

Una palomita, que hasta ahora sólo había escuchado, se dirigió así al buho:

15 — Señor Buho, ¿puedo hacerle una pregunta?

— Sí, cómo no — dijo el buho.

— Yo no comprendí mucho de lo que usted nos dijo. Pero usted nos habla de luz como saber y de oscuridad como ignorancia. Si esto es cierto, ¿por qué es usted tan sabio, pues anda de noche y duerme de día?

El buho sonriendo le contestó:

— Es una buena pregunta, hija mía. Buscaré la respuesta.

Las palomas sonrieron y le dieron las gracias. Más listas que antes, se despidieron y volaron hacia la casa del saber.

Consultando el diccionario

alar	parte del tejado que sale fuera de la pared; alero
buho	ave rapaz nocturna
desarrollar	perfeccionar, mejorar, aumentar, acrecentar
despedirse	separarse amistosamente de alguien, decir adiós

exigir	pedir u obligar
inestable	instable; que carece de solidez o fijeza
juventud	edad entre la niñez y la edad viril
nivel	grado; altura
obscuridad	falta de luz o de claridad
profundizar	hacer más profunda una cosa; examinar con atención una cosa para conocerla bien
provenir	proceder; originarse una cosa de otra
rama	parte de un árbol que nace del tronco y que sostiene las hojas, las flores, y el fruto
sabiduría	prudencia; instrucción; conocimiento profundo en ciencias, letras, o artes

EJERCICIOS

I. Conteste en frases completas.

1. ¿Dónde estaba el buho?
2. ¿Por qué no podía el buho dormir?
3. ¿Por qué no podían las palomas dormir últimamente?
4. ¿Qué querían saber las palomas?
5. ¿Cuál es el gran problema de la escuela?
6. ¿Qué se aprende en la escuela primaria?
7. ¿Qué se aprende en la escuela secundaria?
8. ¿Qué significa la palabra «educación»?
9. ¿Qué preguntó una palomita al buho?
10. ¿Qué le contestó el buho?

II. Preguntas personales.

1. En su opinión, ¿cuál es la misión de la escuela?
2. ¿Cuáles son las materias escolares que más le gustan?
3. En su opinión, ¿por qué es el buho el símbolo de la sabiduría?
4. ¿Piensa usted que su escuela prepara a los estudiantes para la vida?

III. Para practicar.

			Hoy	Ayer	Mañana
1.	ponerse los lentes	Yo	--------	--------	--------
2.	ponerse en pie	Paco	--------	--------	--------
3.	ponerse a leer	Nosotros	--------	--------	--------
4.	hacer una pregunta	Tú	--------	--------	--------
5.	hacer una visita	Ellos	--------	--------	--------
6.	hacerse médico	Mario	--------	--------	--------
7.	tener que estudiar	Yo	--------	--------	--------
8.	tener razón	Ud.	--------	--------	--------
9.	tenerlo en cuenta	Nosotros	--------	--------	--------

Repaso y adaptación

A. Review the following related words and expressions.

la escuela

1. vestíbulo, aula escolar o salón de clase o sala de clase, sala de estudio, pasillo, aula máxima, biblioteca, librería, cafetería, gimnasio, timbre, campana, cambio de hora, escalera, laboratorio, dirección, secretaría
2. profesor, maestro, director, oficina, secretaria, consejero, telefonista, estudiante, alumno, compañero, condiscípulo
3. materia o asignatura, horario, álgebra, geometría, cálculo, geografía, historia, español, francés, alemán, latín, educación física, trabajo manual, arte, ciencia, biología, química, tarea, trabajo de investigación
4. bandera, mapa, reloj, puerta, libro, cuaderno, papel, pluma, lápiz, regla, sacapuntas, tiza, borrador, pizarrón, cesto, pupitre, cuadro, ventanal
5. estudiar, aprender, enseñar, leer, escribir, jugar, atender, asistir, comprender, entender, compartir, cumplir, tener éxito, triunfar, fracasar, pasar, ganar, perder

B. Continue the development of the following topics by composing two or more Spanish sentences, each containing words that have been reviewed.

1. Juan asistía a una escuela secundaria y estudiaba idiomas, matemáticas, inglés, y estudios sociales. Él quería. . . .
2. La escuela prepara para la vida. Nos enseña. . . .
3. Anoche llamé por teléfono a Raquel para hablar con ella un rato. En el curso de la conversación me contó su rutina diaria escolar. Me dijo que. . . .

C. Read the following situation, then play the role of the person indicated in the dialogue.

Roberto y Anita estudian el español y hablan de los cursos que tomarán el semestre que viene.

Roberto: Me gustaría tomar un curso de geometría.

Anita: ---------------------

Roberto: Me dijeron que el profesor de geometría exige mucho. ¿Sabes tú algo al respecto?

Anita: ---------------------

Roberto: Además de geometría tomaré inglés, historia, química, y español. ¿Qué vas tú a tomar?

Anita: ---------------------

Roberto: Me parece que vas a estar muy ocupada.

Anita: ---------------------

Roberto: Yo tomo sólo cinco materias, porque quiero asistir a los juegos y a los bailes.

Anita: ---------------------

11. LA QUEJA

Las bolas estaban allí reunidas. Estaban sentadas alrededor de una mesa rectangular. De pronto, una de ellas se levantó y dijo:

— Hemos venido aquí para que ustedes oigan nuestras quejas y nuestros sentimientos. La hermana bola de balompié hablará primero.

— Un señor de una amable sonrisa me llevó de la tienda deportiva a las manos de un chico muy gracioso. El niño me llevó al patio y me dio un terrible puntapié. No recordaba haber cometido ninguna falta y lo miré con enojo. «¡Qué bárbaro eres!», pensé; cerré los ojos al verlo venir otra vez a patearme. Lo peor de todo era verlo feliz y alegre. Luego, me tomó en sus manos, me acarició, y me llevó corriendo a un campo verde y muy hermoso. Allí estaban los amigos de mi dueño. En un abrir y cerrar de ojos me vi obligada a salir precipitada por una patada, y los vi correr hacia mí. Aquello se repitió muchas veces. Me lanzaban de aquí y de allá, sin tener compasión de mi dolor. Sólo dos chicos corrían a cogerme en sus brazos y a protegerme, pero luego se arrepentían y me lanzaban lejos con la mano o con un puntapié. Cuando estos dos chicos no podían agarrarme, pasaba por debajo de un cuadro y todos decían «¡gol!» Yo no comprendo porque hacen esto. Aquí estoy toda adolorida, después de un día de una terrible experiencia.

— A mí me pasó casi lo mismo — dijo la bola de baloncesto. Mi joven dueño me llevó a un lugar que llaman gimnasio. De pronto me vi arrojada hacia un aro y caer por entre una red. Hasta aquí no fue del todo malo, pero luego me vi arrojada contra el suelo, y mi cuerpo de rebote me hizo volver a su mano. Él, en vez de cogerme, me golpeaba a mano abierta, y yo volvía al suelo con fuerza. Aquello era horrible. Luego me vi volar de su mano a otra entre sus amigos. Me mareaba en dolor entre el suelo, las manos, y el aro. Oí que decían «dos puntos» cada vez que yo pasaba a través del aro; y luego yo salía entre manos y rebotaba al aro contrario. La experiencia de hoy ha sido de mareo y de dolor, pero gracias a Dios no me han pateado.

5 — A mí no me han pateado tampoco — dijo la bola de béisbol — pero me han dado de palos[1]. Éramos un grupo de bolas. Un señor vestido de negro nos tenía en sus bolsillos. Más tarde un joven con un guante me sobaba entre sus manos, y de pronto me lanzaba a gran velocidad, y con un giro de la mano que me hacía curvear. Cada vez que me lanzaba, un hombrón me tiraba garrotazos. Uno de éstos me dio duro[2], y, a una velocidad terrible, salí de ese lugar llamado estadio. Oí decir «¡Home run!» Mi experiencia fue dolorosa y. . . .

— Bueno, yo he tenido la peor experiencia — dijo la bola
15 del fútbol americano, interrumpiendo a la del béisbol. — A mí me llevaron a un campo en donde había mucha gente con banderitas, y dos grupos de chicas hermosas vestidas de colores que gritaban y saltaban. Luego, vi salir a unos hombrones que no se les podía ver la cara. Llevaban cascos y unas armaduras como caballeros, pero de caballeros no tenían nada. Me pusieron en el medio de una línea blanca. Vi que unos se reunieron en un círculo para discutir lo que iban a hacer. Luego gritaron y vinieron hacia mí. Alguien me tomó en sus manos; me pasó a otro que me apretó con fuerza en su brazo
25 y corría conmigo. Hasta aquí no fue malo, pero de pronto el joven se cayó. Yo rodé y vi a todos esos hombres como montañas caer sobre mi. Me aplastaron. Algunas veces me vi lanzada al aire, y, al igual que la bola de fútbol, también me patearon.

— ¡Ja . . . ja! — se rió la bola de golf. — Miren, hermanas mías, y perdonen que las interrumpa, pero veo que ustedes tienen la misma impresión que yo tuve en mi primera experiencia como bola. Mi dueño me llevó de paseo a un campo

[1]me han dado de palos—*they whacked me with a stick*
[2]me dio duro—*he struck me hard*

muy verde, con sol y aire. Allí, me puso en una estaquita. Luego, me pegó duro con un palo, y me hizo salir volando. Continuó golpeándome hasta que me metió en un hoyuelo. Yo pensé que era bruto y todo lo que ustedes han dicho, pero me di cuenta, más tarde, de que jugaba conmigo. Los chicos 5
juegan con nosotros, y de este modo los ayudamos a desarrollar el cuerpo y hacerse ágiles, alegres, y sanos. Ellos nos quieren mucho. Si no me creen, pregúntenselo a ellos que están sentados allí al frente.

La luz se encendió, los aplausos llenaron el salón, y cayó el telón.

Tomás y Silvia salieron cogidos de la mano, y fueron a esperar al hermanito de ella, que había hecho el papel de la bola de golf. Mientras esperaban, hablaron de la comedia deportiva. Entre otras cosas dijeron que había sido una idea 15
genial el dar animación y expresión a las bolas.

Consultando el diccionario

acariciar	tratar con ternura, mimar, tocar suavemente
aplastar	apabullar, deformar por presión, comprimir o estrujar con violencia
apretar	oprimir; estrechar con fuerza; agarrar con fuerza
aro	círculo o anillo rígido de metal; cesto (*in basketball*)
arrojar	tirar, lanzar con fuerza
casco	yelmo, capacete, armadura que se usa para cubrir o proteger la cabeza
enojo	cólera, ira, disgusto, irritación
garrotazo	golpe con un garrote o pedazo de palo grueso; bastonazo
lanzar	arrojar, tirar, botar

mareo	turbación, confusión; desorden de la cabeza o del estómago
patada	golpe dado con la pata o con el pie de lado
patear	dar golpes con los pies, dar patadas
puntapié	golpe dado con la punta del pie
queja	lamento, agravio, querella
rebote	acción de rebotar; salto de un cuerpo elástico
sobar	manosear; tocar una cosa repetidamente con la mano

EJERCICIOS

I. Conteste en frases completas.

1. ¿Dónde estaban las bolas?
2. ¿Por qué se habían reunido allí?
3. ¿Qué pensó la bola de fútbol del chico que la pateó?
4. ¿Qué hacían los jóvenes con la bola de baloncesto?
5. ¿Qué le pasó a la bola de béisbol?
6. ¿Cuál de las bolas dijo que tuvo la peor experiencia? ¿Por qué?
7. ¿Por qué se rió la bola de golf?
8. ¿Qué logran los niños al jugar a los deportes?
9. ¿Quiénes habían hecho el papel de las bolas?
10. ¿A quién esperaban Tomás y Silvia?

II. Preguntas personales.

1. ¿Cuál es tu deporte favorito? ¿Por qué?
2. ¿Por qué juega usted a los deportes?
3. Si las bolas pudieran hablar, ¿qué dirían?
4. ¿De qué te quejas tú?

III. Use each of the expressions listed below in a Spanish sentence differing in some way from the sentence in which it appeared in the text.

1. me llevó al patio y me dio
2. lo peor de todo era
3. en un abrir y cerrar de ojos
4. hasta aquí no fue del todo malo, pero
5. luego me vi
6. cada vez que me
7. a mí me llevaron a
8. algunas veces me vi
9. me di cuenta más tarde de que
10. la luz se encendió y

Repaso y adaptación

A. Review the following words and expressions.

unos deportes

1. **cancha de tenis,** tennis court
   línea de limite, base line
   línea del centro, center line
   cuadrado de servicio, service court
   red (*f*), net
   hacer el saque, to serve
   pelota de tenis, tennis ball
   golpe derecho, forehand stroke
   golpe al revés, backhand stroke
   empate (*m.*), tie score
   treinta iguales, thirty all
   quince a cero, fifteen-love
   raqueta de tenis, tennis racket

2. **campo de golf,** golf course
   salida, first tee
   pelota de golf, golf ball
   saco de palos, golf bag
   canalizo o **cancha,** fairway
   escabrosidad, roughness (high grass) or other difficulty
   hoyo, hole
   enhoyar, to putt the ball into the hole
   banderita, little flag (indicating the hole)
   el verdoso, the green
   arenal, sand trap

3. **fútbol,** soccer
   estadio, stadium
   meta, goal
   balompié, football
   guardameta, goalkeeper
   delantero, forward lineman
   defensor, defensive player
   puntaje o **tantos,** score
   patada o **puntapié,** kick
   rodillera, knee guard
   saque, serve, kick-off
4. **béisbol,** baseball
   lanzador, pitcher
   receptor, catcher
   primera base, first base
   torpedero, shortstop
   jardinero izquierdo (derecho, central), left (right, center) fielder
   bateador, batter
   bate, bat
   bola, ball
   manilla, catcher's mit, glove
   mascarilla, protective mask
   pechera, chest protector
   gorra, cap
   carrera, run
   corredor, runner
   pisar la casa, to touch home plate

B. Continue the development of the following topics by composing two or more sentences, each containing words that have been reviewed.

1. A Juan le gustaba jugar al béisbol, pero aquel día no pudo jugar porque estaba enfermo. Por la noche, llamó por teléfono a uno de los jugadores para informarse del resultado del partido, y. . . .
2. A mí me gusta jugar al tenis. Por la tarde juego unos partidos con María. Ella está aprendiendo a jugar y. . . .
3. A mí me gusta hacer ejercicios y mantener en forma el cuerpo. Por eso, voy al gimnasio en donde hay. . . .

C. Read the following situation, then play the role of the person indicated in the dialogue.

Tomás y Silvia salieron del aula máxima (*assembly hall*) y fueron a esperar al hermanito de ella, que había hecho el papel de la bola de golf en la comedia deportiva.

Tomás: Yo no sabía que tu hermanito fuese tan buen actor.

Silvia: ----------------------

Tomás: ¡Qué idea tan genial de dar animación a las bolas!

Silvia: ----------------------

Tomás: Tu hermanito ya viene. ¡Mira lo contento que está!

Silvia: ----------------------

Tomás: Hay que felicitarlo.

Silvia: ----------------------

Tomás: Felicitaciones, Juanito.

Silvia: ----------------------

12. MENTE SANA EN CUERPO SANO

El cuerpo humano y la mente necesitan ser desarrollados y recreados por medio de los ejercicios gimnásticos y los juegos. Esta realidad no es nueva, ya que la idea se remonta a la civilización griega y a la frase de Juvenal: «mente sana en cuerpo sano». Las olimpiadas griegas eran reuniones de atletas 5
en donde se lucía la belleza corporal. Además, eran un concilio de salud mental, ya que se aprendía a perder o a ganar con honor. La corona de laurel ceñía la frente del ganador, mientras que en el perdedor permanecía el deseo de practicar más para mejorarse. El atleta era admirado. Se le consideraba tan heroico como el guerrero, aunque a veces estas dos cualidades iban juntas. Todos estos ejercicios mantenían en forma el cuerpo humano.

Con el pasar de los años, por una razón o por otra, se ha ido olvidando la gran enseñanza griega. Cada generación 15
moderna ha querido dejar a la siguiente más comodidades y más facilidades en el trabajar y en el vivir, creando una apatía hacia los ejercicios físicos.

En el ayer los estudiantes iban a pie a la escuela; hoy toman el ómnibus. En el ayer los empleados caminaban al trabajo; hoy toman su coche. Hasta el elevador ha eliminado el desarrollo de los músculos de la pantorrilla. Una silla muy cómoda, con ruedas, hace que el oficinista se mueva en su despacho sin ejercitar las piernas.

Algunos caricaturistas diseñan al hombre del futuro con una 25
cabeza muy grande y un cuerpo raquítico. ¿Pasará esto? . . . No. Con un poco de voluntad, podrá evitarse. No hay que renunciar a los adelantos ni a las comodidades, pero hay que sacar a diario un rato para ejercitar los músculos. Esto podría lograrse en el gimnasio, en el sótano, o en uno de los cuartos de la casa — o participando en los deportes.

En el verano, se puede jugar al golf, al tenis, al sóftbol, y a otros deportes de acuerdo con el gusto. Durante el invierno, se puede esquiar o patinar en el hielo. Para cualquiera estación, un buen ejercicio es la natación, en la que se usan todos los músculos y todas las partes del cuerpo.

5 No hay que ser atleta para tener necesidad de ejercicio, ni hacer ejercicio para llegar a ser atleta, pero el ejercicio mantiene el cuerpo en forma. Si queremos conservar nuestra apariencia, tenemos que ejercitarnos. Quizás en el futuro haya que complementar el recreo del café con un período gimnástico, que las oficinas o fábricas podrán patrocinar.

Consultando el diccionario

adelanto	progreso, mejoramiento, anticipo
a diario	todos los días
ceñir	rodear o cerrar
corona	guirnalda de flores o de hojas que rodea la cabeza; señal distintiva de la nobleza; tiara; diadema
despacho	oficina; lugar donde se despachan negocios o mercancías
diseñaı	delinear, trazar alguna figura
elevador	que sirve para elevar, para levantar; ascensor
fábrica	lugar donde se hace algo por medios mecánicos
pantorrilla	parte carnosa de la pierna situada debajo de la rodilla
patrocinar	favorecer; proteger
perder	ser vencido, ser derrotado, dejar de tener una cosa que se poseía
raquítico	endeble, mezquino
sótano	pieza o cuarto subterráneo de un edificio

EJERCICIOS

I. Seleccione la respuesta.

1. Las olimpiadas eran

a. reuniones de hombres
b. deportes de origen romano
c. conjuntos de atletas
d. concursos de belleza

2. El atleta de las olimpiadas

a. no se interesaba en ganar
b. era belicoso
c. no necesitaba ejercicio
d. era digno de admiración

3. La generación de hoy

a. no se interesa en el cuerpo humano
b. se interesa mucho en el ejercicio físico
c. desdeña las conveniencias modernas
d. prefiere una vida fácil y agradable

4. Los caricaturistas diseñan al hombre del futuro con un cuerpo

a. hermoso *b.* endeble *c.* gordo *d.* robusto

II. Para practicar.

		Hoy	Ayer	Mañana
1. darse cuenta	Yo	--------	--------	--------
2. entrenarse	Los estudiantes	--------	--------	--------
3. sentarse	Ud.	--------	--------	--------
4. sentirse	Ud.	--------	--------	--------
5. moverse	Nosotros	--------	--------	--------
6. ejercitarse	Tú	--------	--------	--------

Repaso y adaptación

A. Review the following related words and expressions.

gimnasia y recreaciones

1. gimnasia, barras paralelas, anillos, trapecio, cuerda, equilibrio, traje de gimnasia, tabla gimnástica (*setting-up exercises*), saltar, correr, competir
2. pista y campo (*cross-country race*), salto, carrera a pie (*foot race*), línea de salida (*starting line*), cinta de llegada (*finishing line*), entrenamiento (*training*), cronometrador, carrera de relevos (*relay race*), la maratón, carrera de obstáculos, atleta, entrenador (*coach*), campo de entrenamiento
3. juego de pelota, béisbol, hockey, pesca, cacería, fútbol, esquí, ciclismo, carrera (*race*), tenis, golf, equitación (*horseback riding*), esgrima (*fencing*), balompié, boxeo, lucha (*wrestling*), tiro al blanco (*target practice*), boliche o bolos (*bowling*), polo acuático, jai-alai, frontón
4. piscina, natación (*swimming*), trampolín (*diving board*), nadador (*swimmer*), estilo libre, estilo de pecho (*breaststroke*), estilo de espalda (*backstroke*), flotador, cinturón de corcho (*floating belt*), salvavidas (*life preserver*), gorro de baño, traje de baño
5. esquí, pista de salto (*ski run*), saltador (*ski jumper*), esquiador (*skier*), botas para esquiar (*ski boots*), correa talonera (*heel grip*), palos (*ski poles*)

B. Continue the development of the following topics by composing two or more Spanish sentences, each containing words that have been reviewed.

1. Hoy día se vive en una edad técnica. Para mantener el cuerpo en buena forma, las personas hacen ejercicios. Yo. . . .

2. No soy un tipo atlético, y por eso prefiero mirar los deportes en la televisión. Me gusta mirar. . . .

C. Read the following situation, then play the role of the person indicated in the dialogue.

Pedro y Virginia están hablando de las actividades deportivas internas escolares.

Pedro: ¿Sabes que mi equipo de tenis ha ganado el campeonato escolar?

Virginia: ____________________

Pedro: Tomás se dislocó el tobillo en el último partido, y hemos hecho un gran esfuerzo para ganar sin él.

Virginia: ____________________

Pedro: El trofeo está puesto en el escaparate central de la escuela.

Virginia: ____________________

Pedro: ¿Cómo va tu equipo de vólibol?

Virginia: ____________________

Pedro: Avísame cuándo será el próximo partido.

Virginia: ____________________

STAT

13. SÓLO EN LOS ESTADOS UNIDOS DE AMÉRICA

Juan vivía con su madre y cinco hermanos menores que él. Su madre trabajaba en un restaurante. Por lo tanto, cuando él regresaba de la escuela, tenía que atender a sus hermanos menores y algunas veces calentar la comida. Su cuarto era estrecho, y tenía que compartirlo con dos de sus hermanos. ¿Cómo podría así cumplir con sus responsabilidades en la escuela? ¡Cuánto odiaba a los compañeros que estaban bien vestidos, que tenían tiempo para practicar los deportes, y un cuarto en donde podían estudiar con comodidad! ¿Tendría él la oportunidad de saltar esa valla de la pobreza y escalar la posición social de la holgura y la comodidad? A él, todos estos pensamientos le daban un tinte de amargura. Lo hacían poco comunicativo con sus compañeros, y le daban una fuerza invisible de querer triunfar.

Juan asistía a una escuela secundaria. Le gustaba la escuela, pero la estrechez económica en que vivía le hacía vestirse en forma pobre y sentirse inferior. Le impedía cumplir con sus obligaciones escolares, y le hacía pensar que los profesores lo tenían por irresponsable.

Un lunes en la escuela, su consejero escolar le dijo:

— Juan, el señor Kowalsky, tu maestro de gimnasio, quiere hablar contigo en el segundo período.

— Gracias, señor — respondió Juan sorprendido.

La primera hora se le hizo muy larga. No prestó atención al profesor de matemáticas. ¿De qué querrá hablarle el maestro de educación física?

Finalmente sonó el timbre, y Juan, preocupado y pensativo, se dirigió al gimnasio para ver al señor Kowalsky. Éste lo esperaba; con un tono afable, le dijo:

— Mira, Juan, te he observado en las clases y en las prácticas, y me gustan tu estilo y tu ligereza para jugar al baloncesto. Tienes todas las cualidades para llegar a ser un buen deportista.

Tu nombre aparece entre los que he recomendado para la selección del equipo escolar que competirá con otras escuelas. Sin embargo, al ver tu nombre el director me dijo que quería hablar contigo a las dos y media. Sé que se trata de tus calificaciones.

Juan dio las gracias al profesor y salió de allí más preocupado que antes.

El miedo a que no lo dejaran jugar lo hacía ser muy precavido. Lo que de veras le gustaba a Juan Rodríguez eran los deportes. Allí se sentía como héroe y se encontraba a sí mismo. Preocupado, asistió a las clases de inglés, mecanografía, historia, y a otras, en donde trató de participar más que antes. Esperaba con ansiedad el fin del día escolar. Cuando el reloj señaló las dos y media, Juan se dirigió a la dirección. Una señorita escribía a máquina y una señora mayor contestaba a las llamadas telefónicas.

— Pasa, Juan; el director te espera — le dijo la secretaria.

Entró en la oficina y dio las buenas tardes. El director le dijo que se sentara, y empezó a hablarle en un tono amigable.

— El señor Kowalsky quiere que tú seas uno de los jugadores del equipo escolar para las competencias intercolegiales. Para mí no fue una sorpresa, porque sé que juegas bien y estoy muy contento de que el maestro te haya escogido; pero hay un problema. Tú sabes que para jugar hay que tener buenas notas, y las tuyas hablan un poco mal. Jugarás si me prometes mejorar tus notas. Esto no es fácil, pero yo voy a hablar con los profesores para que te ayuden, de vez en cuando, después de la escuela. ¿Qué me dices?

Juan consintió, dio las gracias al director, y contento se marchó.

Tal como le propuso el director las cosas fueron sucediendo. Los profesores le daban media hora de explicaciones y ayudas después de las clases. Juan estudiaba con más entusiasmo, y sus notas se mejoraron. El señor Kowalsky se sentía feliz porque veía en Juan la estrella que buscaba en su larga carrera de director de equipo. Terminó ese año escolar. Juan finalizó con notas regulares, con un diploma de mérito como el mejor novato del año, y con la satisfacción de verse necesario. 5

El año siguiente, Juan se hizo popular. Hasta en la prensa su nombre apareció, como jugador de futuro. Sin embargo, algo preocupaba a Juan. Sus notas no eran muy altas para poder competir por una beca estatal, y sabía que sus padres no tenían medios para pagarle sus estudios universitarios. Juan quería llegar a ser alguien, quería continuar sus estudios para ayudar a sus hermanos menores.

En el último año escolar, sus calificaciones no se mejoraron mucho. Se dio cuenta de que él era un estudiante bueno, pero no una lumbrera. 15

En el último partido de baloncesto, el gimnasio estaba lleno. El juego estaba reñido. La habilidad de Juan se hacía notar, y el gimnasio rugía de aplausos. Juan se impuso en el último cuarto, y no hubo duda de que su equipo sería el ganador.

Más tarde en el cuarto de vestir y después del baño, todos hablaban dando gritos de alegría. De repente, todos se volvieron al ver llegar al director con otro señor para felicitar al equipo.

Aquel señor se dirigió a Juan y le dijo:

—Juan, te felicito, eres un gran jugador, y yo vine a verte jugar—. Dándole a Juan una tarjeta, le dijo: 25

—Represento esta universidad, y vengo a ofrecerte una beca de estudio para que juegues en nuestro equipo.

Juan estaba contentísimo y veía sus sueños realizarse. Hay caminos de éxito para todos en los Estados Unidos.

Consultando el diccionario

beca de estudio — pensión temporal concedida a un estudiante

calentar	hacer subir la temperatura; avivar o dar calor a una cosa
calificación	nota numérica de apreciación de los estudiantes
compartir	repartir, dividir, distribuir en partes
cumplir	ejecutar; efectuar; hacer uno aquello que debe o a que está obligado
estrechez	escasez o falta de holgura
finalizar	concluir una obra; darle fin; acabar
holgura	regocijo; comodidad
lumbrera	persona inteligente; persona aplicada
mecanografía	arte de escribir a máquina
novato	principiante en cualquier facultad o materia
precavido, -a	sagaz; cauto; prudente
reñido, -a	muy disputado, encarnizado
tinte de amargura	expresión de pesimismo en la cara; desaliento
valla	impedimento, obstáculo; muro o cerca

EJERCICIOS

I. Conteste en frases completas.

1. ¿Qué tenía que hacer Juan cuando regresaba de la escuela?
2. ¿Por qué odiaba a sus compañeros?
3. ¿Por qué era poco comunicativo?
4. ¿Acerca de qué quería hablarle el profesor de educación física?
5. ¿Qué le prometió el director a Juan?
6. ¿Cómo eran las notas de Juan al fin de ese año?
7. ¿De qué se dio cuenta en el último año escolar?

8. ¿Cómo era el juego de baloncesto en el último partido?
9. ¿Quiénes felicitaban a Juan?
10. ¿Qué le ofrecieron a Juan?

II. Preguntas personales.

1. ¿Cuáles son los deportes que te gustan más?
2. En tu opinión, ¿cuáles son las cualidades que necesita un deportista para ganarse una beca?
3. ¿Piensas tú que hay becas de estudio para los atletas en las escuelas secundarias de España?
4. ¿Piensas tú que hay caminos de éxito para todos en los Estados Unidos?

III. Use each of the expressions listed below in a Spanish sentence differing in some way from the sentence in which it appeared in the text.

1. tenían tiempo para
2. la estrechez económica lo hacía
3. sé que se trata de
4. el mejor novato del año
5. dio las gracias
6. lo hacía ser precavido
7. se hizo muy popular
8. allí se sentía
9. estoy contento de que
10. me alegro de

Repaso y adaptación

A. Review the following related words and expressions.

asuntos deportivos relacionados

1. baloncesto (*basketball*), uniforme, jugador, pelota, gimnasio, árbitro (*umpire*), capitán, equipo, competencia, campeonato, trofeo, puntos, medio tiempo, bola afuera (*outside ball*), tiro libre (*free shot*), falta personal, pase, gancho, rebotar
2. aficionado, público, ventanilla, boleto, graderías, tablero de

anotaciones (*scoreboard*), anunciador, banderitas o banderolas, palomitas de maíz (*popcorn*), cacahuetes (*peanuts*)

3. aficionarse, entusiasmarse, ganar, perder, batir el record, practicar, jugar, lastimarse, encestar, patear, batear, esquiar, nadar, pescar, golpear la bola, aburrirse, divertirse, pasar un buen rato, pasar un mal rato

B. Continue the development of the following topics by composing two or more Spanish sentences, each containing words that have been reviewed.

1. Juan era de familia pobre. Quería asistir a una universidad y salir de la pobreza en la que vivía. No tenía bastante tiempo para estudiar porque debía cuidar a sus hermanos mientras su madre trabajaba. Él era un buen deportista, pero para jugar en el equipo de la escuela había que tener buenas calificaciones. Los profesores. . . .
2. A mí me gusta asistir a los partidos de baloncestos. En el último partido mi equipo favorito. . . .
3. Era una noche fría septembrina, y yo asistía a un partido de fútbol americano con mis amigos. El estadio estaba lleno. El público estaba entusiasmado e incitaba a los jugadores gritando y agitando las banderolas. En el tablero de anotaciones se leía 7-0. Mi equipo iba perdiendo. De repente. . . .

C. Read the following situation, then play the role of the person indicated in the dialogue.

Diego y Patricia estaban sentados en el Estadio Municipal. Conversaban acerca de las condiciones del día y del juego, mientras se comían unas palomitas de maíz.

Diego: Mira aquellas nubes negras.

Patricia: ____________________

Diego: Deberían encender las luces.

Patricia: ______________________

Diego: El lanzador de nuestro equipo no lanza bien hoy.

Patricia: ______________________

Diego: ¡Mira qué golpe! Te apuesto a que anotan otra carrera.

Patricia: ______________________

Diego: Bueno, hemos perdido otra vez.

Patricia: ______________________

14. ¡RESPÓNDEME COMPUTADORA!

El estadio está lleno, y los espectadores rugen de entusiasmo. La brillante luz solar pasa por los vidrios de la cúpula del estadio ultramoderno, los cuales la cambian en una iluminación blanda que no molesta a los ojos. Aquel estadio, que luce como una colina redonda por fuera, tiene unos enormes estacionamientos en los alrededores, y uno especial adentro para los platillos voladores y los helicópteros con motores atómicos de los jugadores. Estos aparatos entran por una puerta que hay en la cúpula, y que se abre o se cierra a base de ondas electrónicas.

El partido de béisbol está casi terminado. Gustavo se siente orgulloso de lanzar[1] allí. En las graderías, Patricia, la novia de Gustavo, está muy nerviosa mientras que él está lanzando. Sin embargo, Gustavo se siente seguro de sí mismo, y este sentimiento se lo trasmite a los otros miembros del equipo; ellos buscan y agarran los dos últimos elevados con facilidad, y ganan así el partido. El estadio se enciende de un clamor que pronto se apaga al salir el público del recinto[2] deportivo. Patricia corre hacia Gustavo, lo abraza, y lo felicita. Éste era el último partido de la temporada. Ellos se casarían dentro de unas semanas.

Gustavo se siente emocionado y cansado. Sin embargo, ofrece llevar a su prometida a casa. Ella acepta de mil amores, pues quiere estar cerca de su ídolo un rato más. Suben a la pequeña nave espacial, llena de equipo electrónico, y de inmediato Gustavo va al tablero electrónico y programa el vuelo para ir a la casa de su novia. Luego pone el piloto automático y se sientan uno frente al otro. Los dos, muy felices, hablan del partido de pelota. Patricia pronto le informa sobre los últimos detalles de la boda. Piensan pasar la luna de miel en la luna y ver los cráteres del mar de la tranquilidad.

[1]lanzar—*to pitch*
[2]recinto—*area, enclosure*

El tiempo pasa inadvertido. Al mirar el reloj, Gustavo se da cuenta de que deben haber llegado hace rato, pero nota que aún la nave sigue volando. Se va a la pantalla de enfoque telemétrico, y enciende la luz para ver lo que le dice el espejo de retrotelevisión. Con asombro ve que la tierra se va alejando. No lo cree. ¿Qué ha pasado?

Patricia rápidamente se dirige al radio-teléfono y marca el número de su casa, pero no obtiene conección. Entretanto la tierra se aleja cada vez más. ¿Se irán a perder en el espacio? Gustavo le arrebata el teléfono para llamar a la guardia espacial, pero nadie contesta. Entonces se dirige al tablero electrónico, y al llegar allí, se queda estupefacto. El cerebro electrónico parece estar loco. Tan pronto como marca un programa, pasa a otro. Gustavo suda tratando de desconectar el control automático para hacer funcionar el control manual. Patricia, entretanto, está muerta de miedo. Ella continúa tratando de comunicarse con alguien, pero todo es en vano. Parece que se perderán irremediablemente en el espacio sideral.

De pronto suena un timbre. Parece que es la señal de peligro del computador. Gustavo se desespera más; toca botones de aquí y de allá. Nunca había tenido problemas con su coche-nave anteriormente. Pulsa todos los botones y la campanilla vuelve a sonar otra vez, y otra vez.

— Dime computadora, ¿qué es lo que pasa? — pregunta desesperado Gustavo. — Respóndeme computadora, ¿qué te pasa? — Pero la computadora no responde. Gustavo se siente fuera de control emocional y se mueve de un lugar a otro nerviosamente. No sabe qué hacer. Alguien lo toca y le dice que se controle. Abre los ojos. Mira a quien lo ha tocado y da un suspiro de alivio.

Es su compañero de escuela y miembro del equipo escolar, quien había tocado varias veces el timbre de la puerta. Al ver que nadie acudía, y oyendo la televisión, había entrado. Al entrar y ver que Gustavo se movía desesperadamente en el sofá, lo había sacudido para despertarlo. Todo había sido una pesadilla.

La televisión está prendida, un crítico habla sobre el vuelo espacial que se ha presentado, y sobre las posibles proyecciones de éste en el futuro con la ayuda de las computadoras o cerebros electrónicos. Gustavo, sonriendo, se dirige a su amigo y le narra el sueño increíble. Luego se pregunta: ¿Podría aquello llegar a ser realidad? 5

Consultando el diccionario

arrebatar	quitar o tomar alguna cosa con violencia y fuerza
boda	matrimonio, casamiento
colina	elevación de terreno, menor que una montaña; loma
elevado, -a	alto; levantado; vuelo de la pelota al ser golpeada por el bate
enfoque	acción de proyectar la imagen clara de un objeto sobre una pantalla
estacionamiento	acción de estacionarse; lugar público donde se colocan los vehículos
gradería	conjunto o serie de gradas del gimnasio o del estadio en donde se sienta el público
pantalla	tela, espejo, o vidrio donde se proyecta o se refleja un objeto o una vista; mampara que se pone delante de la lumbre
platillo volador	nave espacial en forma de disco («*flying saucer*»)
rugir	hacer un ruido muy fuerte, bramar como un león
sin embargo	a pesar de eso, no obstante

sudar	traspirar; destilar agua a través de los poros
temporada	período que se repite regularmente cada año
timbre	campanilla que suena como señal o aviso; sello; estampilla
vidrio	cuerpo sólido, transparente, y frágil que se encuentra en ventanas y que se usa para fabricar vasos, etc.

EJERCICIOS

I. Conteste en frases completas.

1. ¿Dónde estaban los estacionamientos?
2. ¿Quién gana el partido de béisbol?
3. ¿Cuándo se casarán Gustavo y Patricia?
4. ¿Adónde piensan pasar la luna de miel?
5. ¿Por qué sigue volando la nave espacial?
6. ¿Qué trata de hacer Gustavo?
7. ¿Cómo está Patricia?
8. ¿Quién tocó el timbre?
9. ¿Dónde estaba Gustavo?
10. ¿Cuál era el programa de la televisión?

II. Preguntas personales.

1. ¿Cree usted en platillos voladores? ¿Por qué?
2. ¿Piensa usted que llegue un día en que se viajará por naves espaciales en vez de coche? Comente.
3. ¿Piensa usted que sea posible pasar una luna de miel en la luna? ¿Por qué?
4. En su opinión, ¿para qué sirven las computadoras?

III. Use each of the expressions listed below in a Spanish sentence differing in some way from the sentence in which it appeared in the text.

1. se siente seguro
2. el estadio se enciende de
3. quiere estar cerca de
4. programa el vuelo para ir
5. con asombro ve que
6. se queda
7. parece estar loca
8. se da cuenta de que
9. se dirige a su amigo y
10. enciende la luz para

Repaso y adaptación

A. Review the following related words and expressions.

el espacio

1. cohete (*rocket*), platillo volador (*flying saucer*), nave espacial (*spaceship*), cápsula espacial, Apolo, cohete de retroacción (*retro-rocket*), piloto automático, piloto manual, radar, telemetría, espejo de retrovisión (*rear-view mirror*), pantalla telemétrica
2. planeta, luna, satélite, espacio sideral, estrella, infinito, cosmos, firmamento, cielo, atmósfera, traje espacial, cosmonauta o astronauta, Marte, Saturno, Venus, Júpiter, Urano, Plutón, Mercurio, Neptuno.
3. computadora, cerebro electrónico, canal, programa, programador, cinta magnetofónica, botones, luces, programar, tocadiscos, grabadora de cintas (*tape recorder*)

B. Continue the development of the following topics by composing two or more Spanish sentences, each containing words that have been reviewed.

1. Gustavo se fue al tablero electrónico y programó el vuelo para ir a la casa de su novia. El tiempo pasó inadvertido. De pronto se dio cuenta de que. . . .
2. Eran las once y media de la noche. Después de haber mirado el vuelo espacial del Apolo XII en la televisión, me acosté. Soñé que estaba en una nave espacial y. . . .

3. Ayer había en el periódico un artículo sobre los platillos voladores. Decía que. . . .

C. Read the following situation, then play the role of the person indicated in the dialogue.

Pedro e Hilda estaban mirando la luna llena, que parecía tan lejos. Sin embargo, la radio anunciaba que la nave espacial había aterrizado allí sin dificultad.

Pedro: Hoy día nada parece imposible.

Hilda: ----------------------

Pedro: ¿Te gustaría pasar la luna de miel en la luna o en Venus?

Hilda: ----------------------

Pedro: Ya en los viajes siderales no hay peligros.

Hilda: ----------------------

Pedro: La ciencia va borrando el sentido de la distancia inmensa.

Hilda: ----------------------

Pedro: No te asombres que en el mañana tengamos ómnibuses siderales para ir a Saturno.

15. EL HOMBRE Y LA MÁQUINA

El hombre domesticó a los animales para tener compañía, ayuda en su trabajo, y como medio de locomoción. Esto tomó muchos años de paciencia y de tenacidad. Además, con el pasar de los siglos, el hombre inventó la rueda — que utilizó, más tarde, en la fabricación de vehículos movidos por animales. 5

A los hombres que vivían en las costas les costó más trabajo conquistar el mar con naves movidas por remos o por la fuerza del viento. No fue hasta 1492 que se abrió comunicación con América, gracias a la invención de la brújula y al coraje de los que se atrevieron a meterse en lo desconocido. Además, el hombre veía a los pájaros remontarse por el aire y anheló poder volar, pero esto fue difícil, y la conquista del aire tuvo lugar a fines del siglo XIX con la primera máquina voladora. La invención de la máquina de combustión interna llevó al hombre a la conquista de la distancia, a través de la tierra, 15 del agua, y del aire.

El progreso en el siglo XX se ha acelerado tanto que parece que cada diez años el saber humano se duplica. Durante la década de 1960–70, el hombre se lanzó en el espacio por primera vez y dio su primer «paseo en la luna».

Ayer el hombre cortaba la hierba a mano, hoy la corta con una máquina segadora que hace el trabajo de muchos. Ayer se llamaba a la telefonista antes de hablar por teléfono, hoy sólo se marcan números y se puede hablar a cualquiera distancia. Se puede llamar a la oficina desde el auto o desde 25 el aeroplano, ya por teléfono o por radio. Las distancias del ayer son hoy día cosas de horas, las noticias cosas de minutos, y la comunicación cosa de segundos. Todo parece haberse acercado, gracias a la conquista de la naturaleza mediante la mecanización y la automatización.

Existen cerebros electrónicos que son depósitos de memoria, y que ayudan en las transacciones comerciales. Muchos de estos «cerebros» se han aplicado a la creación de hombres mecánicos. El progreso tecnológico no se detiene; continúa cada vez más veloz. Las máquinas llegarán a ser cada vez más indispensables en los trabajos, y probablemente llegarán a lucir 5 como seres independientes. Sin embargo, las máquinas sin el ser humano que las sincronice no tendrán valor alguno, al igual que el martillo sin la mano del hombre que lo guíe en su uso. Las máquinas sólo máquinas serán, y por lo tanto, sólo son instrumentos que alivian la vida y facilitan el progreso humano.

Consultando el diccionario

a través de	por entre, por medio de
aliviar	hacer menos pesado; disminuir o mitigar la fatiga o el dolor del cuerpo o del ánimo
atreverse	osar, aventurarse, arriesgarse
brújula	círculo dividido, en cuyo centro gira una aguja imanada que se dirige siempre hacia el norte; compás
década	período de diez años
hierba	pasto; césped
nave	barco, bote, embarcación
remo	pala plana que sirve para mover las embarcaciones
segadora	máquina que sirve para cortar hierba
siglo	espacio de cien años
tener lugar	ocurrir, suceder, tener lugar, celebrarse

EJERCICIOS

I. Conteste en frases completas.

1. ¿Por qué domesticó el hombre a los animales?

2. Con el pasar de los siglos, ¿qué invención importante hizo?
3. ¿Con qué soñó el hombre al ver los pájaros volar?
4. ¿Qué ayudó a la conquista de las distancias?
5. ¿Qué son los cerebros electrónicos?
6. ¿En qué se han aplicado?
7. ¿Para qué sirven las máquinas en general?
8. ¿Con qué se compara la máquina?

II. Preguntas personales.

1. Según usted, ¿qué ha sido la mejor invención del hombre? ¿Por qué?
2. ¿Piensa usted que las máquinas podrán reemplazar al hombre? ¿Por qué?

III. Use each of the expressions listed below in a Spanish sentence differing in some way from the sentence in which it appeared in the text.

1. tomó muchos años
2. con el pasar de
3. se atrevieron a
4. soñó con
5. parece que cada diez años
6. se puede llamar a
7. por lo tanto
8. a través de la tierra
9. gracias a las invenciones
10. tuvo lugar

Repaso y adaptación

A. Review the following related words and expressions.

medios de comunicación

1. televisión, televisor (*TV set*), estación emisora, televisión a colores o en blanco y negro, botón de encender, selector de canales, de volumen, de líneas verticales, de líneas horizontales
2. periódico, prensa, revista, artículo, editorial, periodista, columnista, redactor, corrector, noticia, título, subtítulo,

tipógrafo, sección cómica, deportes, sociedad, moda, notas locales, crucigrama

3. radio, comentador, receptor, trasmisor, antena, selector de estaciones, cable de electricidad, amplificador, bocina

4. teléfono, sonar, timbre, descolgar el receptor, colgar, marcar el número, buscar el número, guía telefónica, equivocarse de número, llamada, telefonista, ponerse en comunicación con, telégrafo, telegrafista, telegrama, cablegrama, telegrafía

B. Continue the development of the following topics by composing two or more Spanish sentences, each containing words that have been reviewed.

1. Patricia se dirige al teléfono y marca el número de su casa, pero no obtiene conección. Trata de comunicarse con alguien, pero todo es en vano. ¿Qué pasará? . . .

2. Yo veo la televisión solamente unas tres horas por semana, porque son pocos los programas que a mí me gustan. Entre ellos mi programa favorito es el de. . . . porque. . . .

3. El hombre conquistó la tierra, el agua, y el aire con los medios de comunicación y de transporte. El progreso tecnológico continúa cada vez más veloz. Las máquinas. . . .

C. Read the following situation, then play the role of the person indicated in the dialogue.

Silvia y Enrique están visitando la feria mundial. Entran en el pabellón científico y técnico.

Silvia: Mira todas estas máquinas.

Enrique: ----------------------

Silvia: Parece que cada una de ellas tiene una cara misteriosa.

Enrique: ----------------------

Silvia: Cada uno de nosotros las mira, las observa, lee las inscripciones, y seguimos caminando como si estuviéramos en la presencia de algo religioso.

Enrique: ______________________

Silvia: A mí no me gusta nada de esto. Vamos al pabellón de arte.

Enrique: ______________________

Silvia: Sería magnífico si tuviéramos aceras mecánicas.

Enrique: ______________________

16. EL DÍA DE UNA MOSCA

Soy una mosca feliz y afortunada, ya que vivo en un restaurante de categoría[1]. Aquí vienen personas bien vestidas con caras agradables, curiosas, terribles, neuróticas. En sus ojos se les ve el buen apetito. Me miran con odio asesino cuando quiero hacerles compañía. Sin embargo, siempre estoy alerta 5 con mis ojos de visión completa, para evitar los manotazos o golpes que me tiran. Yo vivo mi vida en paz; no sé por qué quieren matarme.

Me levanto muy temprano, pues los empleados de la cocina hacen mucho ruido cuando echan la basura en el basurero, en donde duermo. Me desperezo y vuelo a lavarme la suciedad. Mi lugar favorito es la leche que sirven en los vasos.

Suelo posarme en el reloj, y a las siete de la mañana vuelo alrededor del comedor a seleccionar mi desayuno y mi compañía. Hoy vi a un señor gordo, sentado en una esquina, que 15 tenía tocino, huevos, café, pan y mermelada de manzana. Aquello me gustaba, y fui a comer con él. El tocino estaba riquísimo[2], pero el caballero se disgustó al verme. Me tiró un palmetazo que evité, y lo dejé solo. Yo tenía sed. Vi un buen vaso de jugo de naranja en las manos de una niñita muy mona[3]. Fui a tomar un sorbo y casi me ahogué. Tomé suficiente jugo, y con el ligero baño que tomé sin querer, quedé limpia y sin microbios.

Salí a dar mi acostumbrado paseo por la plaza. Me posé en los perros, en las personas, y en todas esas cosas que huelen 25 deliciosas. Me gusta buscar cosas nuevas; hoy vi en una casa a un niño llorando con una tostada en la mano. Fui a ver lo que le pasaba. Me posé en su frente y estaba muy caliente,

[1]de categoría—"*high-class*"
[2]riquísimo—*delicious*
[3]muy mona—*very cute*

parecía tener fiebre. Caminé alrededor, pero tuve que salir de prisa pues la madre, que me vio cuando yo probaba las sobras del cereal, trató de golpearme con una cosa que llaman matamoscas. ¡Qué ironía, como si fuéramos criminales!

5 Como de costumbre, fui a la carnicería de la esquina a ver a mis amigas, a limpiarme las patas en la carne, a sentir la tibieza de la sangre, y a saludar al carnicero, quien siempre intenta golpearme con el cuchillo que tiene en la mano.

Regresé al restaurante a mediodía a tomar el almuerzo. Hoy estaba lleno de parroquianos. Los meseros estaban muy ocupados; por eso, me dejaron tranquila. Vi a una familia muy alegre, y quise formar parte de la alegría. Con ellos probé la sopa de vegetales, la que estaba caliente, tomé un poco de ensalada de patatas, probé la mantequilla en los emparedados
15 de jamón, y me lavé las patas y la boca en un vaso de té frío. Volé fuera de allí porque el señor trató de golpearme, y tomé el postre con una anciana muy simpática que comía gelatina de cereza.

Me sentí cansada y me fui a dormir la siesta en una esquina del techo. Me desperté a las tres de la tarde, y fui a tomar algo de pastel de chocolate. Luego, salí a dar un paseo por el vecindario. Entré por una ventana abierta de una casa. Volé alrededor, probé de todo; me posé en vasos, cucharas, platos en donde habían comido, pero no encontré nada bueno.

25 A las cinco volví a casa, pues era hora de cenar. Hoy tenían mis platos favoritos. Comí como una reina: coctel de camarones como aperitivo; como plato principal, albóndigas, arroz con pollo, chile con carne, y otras cosas; y de postre seleccioné papaya. A las seis estaba cansada, y me detuve a descansar en unas rebanadas de tomate, pero de pronto . . . ¡Zas! . . . un chico de la cocina casi me aplasta la cabeza. Asustada, vine para el basurero. Allí me puse a pensar acerca de los acontecimientos del día, que acababa de terminar. ¡Qué duro es ganarse la vida!

Consultando el diccionario

ahogar	quitar la vida impidiendo la respiración; oprimir
basura	impureza, suciedad, despojos
desperezar	estirarse, extender los miembros para librarse de la pereza
ligero, -a	ágil, veloz, de poco peso
matamoscas	instrumento usado para matar moscas
palmetazo	golpe hecho con la palma de la mano
parroquiano	cliente
probar	gustar un alimento; ensayar o experimentar las cualidades de una cosa, un animal, o una persona
rebanada	tajada; porción delgada, ancha, y larga que se saca de una cosa, especialmente del pan
recoger	guardar, juntar, reunir, dar asilo; levantar del suelo una cosa
sobra	exceso de una cosa; *pl.* lo que queda de la comida al levantarse de la mesa
soler	acostumbrar, tener costumbre, hacer con frecuencia una cosa
sorbo	porción de líquido que se puede tomar de una vez en la boca
tibieza	calidad de estar entre lo caliente y lo frío

EJERCICIOS

I. Conteste en frases completas.

1. ¿Por qué es la mosca afortunada?
2. ¿Cómo son las personas que van al restaurante?
3. ¿Por qué se levanta la mosca temprano?
4. ¿Por qué vuela alrededor del comedor?

5. ¿Qué tomó la mosca para el desayuno?
6. ¿A dónde fue la mosca después del desayuno?
7. ¿Con quién tomó el almuerzo?
8. ¿Cuáles son sus platos favoritos?
9. ¿Dónde descansaba la mosca por la noche?
10. ¿Por qué le es duro ganarse la vida?

II. Preguntas personales.

1. ¿Qué hace usted cuando una mosca le molesta?
2. De costumbre, ¿qué toma usted de desayuno?
3. ¿Cuándo come usted en un restaurante?
4. ¿Le gustaría a usted vivir como parásito? ¿Por qué?

III. Use each of the expressions listed below in a Spanish sentence differing in some way from the sentence in which it appeared in the text.

1. suelo posarme
2. doy mi acostumbrado paseo por
3. parecía tener fiebre
4. trató de golpearme
5. probé la sopa pero
6. tomé un sorbo
7. me fui a dormir
8. me desperezo y
9. me levanto muy
10. tuve que salir de prisa pues

Repaso y adaptación

A. Review the following related words.

alimentos

1. comida, desayuno, almuerzo, merienda, cena, restaurante, hotel, casa de huéspedes, fonda, parroquiano, gastrónomo, mesero, cocinero
2. mesa, toalla, servilleta, cuchillo, tenedor, cuchara, cucharita, platos, platillo, taza, vaso, copa, salero, pimentero

3. ensalada, tomate, apio, lechuga, zanahoria, rábano, pepino, espinaca, habichuelas, maíz, guisantes, coliflor, patata, cebolla, ajo, remolacha, calabaza, pimiento
4. arroz con pollo, paella, chuleta, asado, ternera, albóndigas, jamón, tocino, salchicha, bistec, sopa de vegetales, ensalada, puré de papas, huevos (fritos, duros, pasados por agua), emparedado, taco, enchilada, pastel, torta
5. melón, sandía, mango, manzana, melocotón, durazno, pera, ciruela, piña, cereza, uva, fresa, naranja, mandarina, toronja, aguacate, papaya, granada

B. Continue the development of the following topics by composing two or more Spanish sentences, each containing words that have been reviewed.

1. El señor Brown se alojó en un pequeño hotel de la costa. Decidió permanecer allí dos días. Él tomaba la comida en un comedor que daba a la playa, y que ofrecía una vista hermosa. Aquel día se sentó cerca de la ventana. El mesero le trajo el menú. ¿Qué tomar de almuerzo? No sabía qué escoger. Finalmente decidió tomar. . . .
2. Mi clase de español piensa ir de excursión este fin de semana. Iremos al lago, y mi comité es el que está encargado de preparar y seleccionar la comida. Después de una larga discusión, hemos decidido. . . .
3. Si yo pudiera cambiarme temporáneamente en un animalito, me gustaría transformarme en. . . . y. . . .

C. Read the following situation, then play the role of the person indicated in the dialogue.

Alfredo y Adela han ido al mercado a comprar todo lo que necesitan para llevar al picnic.

Alfredo: Esas frutas parecen baratas.

Adela: ----------------------

Alfredo: Compremos primero la carne y así sabremos con cuánto contamos.

Adela: ______________________

Alfredo: ¿Qué preferirán los chicos, salchicha o hamburguesa?

Adela: ______________________

Alfredo: Llevemos un poco de ambos.

Adela: ______________________

Alfredo: Me quedan ocho dólares para las otras cosas.

Adela: ______________________

17. ADELANTE O ATRÁS

La señora Brown estaba llena de entusiasmo. Desde que llegó a Quito se dio cuenta de que la ciudad se había modernizado. El centro se había convertido en un lugar de compras con los últimos gritos de la moda. Todo era innovación. Recordó que hacía sólo unos veinte años que había estado allí, 5
por primera vez, para pasar su luna de miel.

El señor Brown también notó el cambio, pero su reacción fue distinta. Echó de menos todo aquello que hacía de Quito un lugar de gusto colonial y de vida sencilla. Aunque vivía en Pittsburg, a él siempre le había gustado vivir al aire libre y en contacto con una vida sin complicaciones. Había notado en estos dos días de estar allí, en Quito, que la vida en la ciudad se había complicado. Ahora había chimeneas que lanzaban al aire sus humos negros y tóxicos. A él le gustaría pasar sus vacaciones sin hacer nada, durmiendo siestas y yendo 15
a la playa para tomar sol y gozar de la brisa marina. Quería olvidarse del lema inglés: «El tiempo es oro.»

Después de pasar unos días en Quito, los Brown decidieron continuar las vacaciones visitando algunos de los pueblos de la costa. Una mañana llena de sol, emprendieron la marcha. El panorama de los Andes era grandioso. Lentamente fueron dejando atrás a Quito y la aglomeración moderna. Los coches que se encontraban en la carretera eran pequeños; abundaban las bicicletas y los caminantes descalzos. A veces, gallinas o vacas u otros animales domésticos cruzaban el camino. Al 25
señor Brown le fascinaba todo lo antiguo y natural. Por primera vez en su vida se preguntó: «¿Vale la pena el adelanto industrial?»

Llegaron a un pequeño pueblo costanero, no muy lejos de Guayaquil, y se alojaron en un modesto hotel cerca del océano. Tomaron la cena en el comedor que daba a la playa. De tanto en tanto miraban el cielo azul en donde las aves marinas revoloteaban. El mesero trajo el menú en donde además del bistec, la chuleta, y el arroz con pollo, había una gran cantidad de platos de mariscos — lo que es muy natural en un pueblo 5 de la costa. La señora Brown pidió langosta con puré de patatas; su marido, arroz frito con ostiones. De entrante[1], ambos pidieron camarones. El señor Brown se sentía feliz; iba a tratar de comer de todo. La señora, comprendiendo su intención, sonrió y le dijo:

— Andrés, ten cuidado con tu estómago.

Al día siguiente y en sus ropas de baño, se dirigieron a la playa que era casi exclusiva para ellos. Miraron alrededor y no vieron chimeneas con sus humos negros, ni botes con sus motores haciendo ruido y perturbando el agua. Otra pregunta 15 vino a la mente del señor Brown: ¿Tienen los adelantos científicos y comerciales que destruir lo natural? No lo sabía, pero en este país, donde la industrialización era incipiente, se veía pujante la naturaleza. Además, podía notarse que allí la gente parecía moverse feliz, sin ser esclava del reloj. Al pensar en la hora, se dio cuenta de que aún no había comido. Se preguntó: ¿Se sintetizará todo el comer en el futuro? ¿Cambiará la industrialización las costumbres, los pensamientos, la manera de vivir y el aspecto humano? ¿Valdrá la pena seguir adelante en el avance industrial, o sería mejor volver atrás? Estas pre- 25 guntas eran contradictorias, pero entre ellas había una respuesta muy cierta: él nunca podría soportar una comida sintética.

Inseguro, pero con la certeza de que hay que salvar todo para los que vienen, recordó a su hijo Mike y las actividades que tanto él como sus amigos habían desarrollado durante «Earth Day». A ellos les dio su voto de confianza en la búsqueda por las respuestas a sus preguntas. Agarrando la mano de su esposa, se encaminó al comedor.

de entrante—*for the first course*

Consultando el diccionario

búsqueda	acción de buscar
confianza	esperanza firme, aliento, ánimo
de tanto en tanto	de cuando en cuando; a ratos
dejar	abandonar; soltar una cosa, apartarse de ella; desamparar
descalzo	**sin zapatos; que trae desnudo los pies**
echar de menos	sentir la falta de una cosa o persona
emprender	comenzar una cosa ardua y dificultuosa, empezar una empresa
incipiente	que empieza, que comienza
lema	tema, mote, divisa, leyenda
marisco	cualquier animal marino invertebrado; *pl.*, plato confeccionado con pescado, langosta, ostras, y otras criaturas marinas
perturbar	molestar, disturbar, trastornar la quietud y el sosiego de las cosas
pujante	con fuerza, con vigor, exuberante
valer la pena	ser digno de; merecer; tener valor o mérito

EJERCICIOS

I. Conteste en frases completas.

1. ¿En qué se había convertido el centro de la ciudad de Quito?
2. ¿Qué echó de menos el señor Brown?
3. ¿Cómo le gustaría pasar las vacaciones?
4. Al salir de Quito, ¿adónde fue la pareja a continuar sus vacaciones?
5. ¿Cómo era el paisaje?
6. ¿Qué se veía en las carreteras?

7. ¿Qué comió el señor Brown de cena?
8. ¿Cómo era la playa?
9. ¿Cuáles son algunos de los efectos de la tecnología moderna que no le gustan al señor Brown?
10. ¿A quiénes dio él su voto de confianza?

II. Preguntas personales.

1. ¿Piensa usted que el adelanto tiene que destruir lo natural? ¿Por qué?
2. ¿Piensa usted que se sintetizará el comer? ¿Por qué?
3. ¿Podría usted vivir sin los adelantos científicos?
4. ¿Qué actividades fueron desarrolladas en su escuela durante «el día de la tierra»?

III. Use each of the expressions listed below in a Spanish sentence differing in some way from the sentence in which it appeared in the text.

1. en el ayer
2. que daba a la playa
3. hacía veinte años que
4. echó de menos
5. de tanto en tanto
6. se dio cuenta de que la ciudad
7. valdría la pena
8. sería mejor volver
9. dio su voto de confianza
10. hay que salvar todo

Repaso y adaptación

A. Review the following related words.

aspectos geográficos

1. tóxico, intoxicación, veneno, envenenamiento, sustancia química, mercurio, sulfuro, sulfatos, fósforo, fosfatos, monóxido de carbono, dióxido de carbono; basurero, despojos, desechos, latas, botellas, papeles esparcidos

2. mar, océano, golfo, bahía, lago, isla, archipiélago, estrecho, istmo, costa, tierra firme, punta, península; colina, loma, montaña, floresta, selva, valle; río, riachuelo, orilla del río, desembocadura, delta, cascada, ciénaga; playa, ave marina, gaviota, pelícano, garza; parque, banco, kiosco, arbusto, césped, pasillo

B. Continue the development of the following topics by composing two or more Spanish sentences, each containing words that have been reviewed.

1. Al señor Brown siempre le había gustado vivir al aire libre y en contacto con una vida sin complicaciones. Desde que llegó a Quito se dio cuenta de que la ciudad. . . .
2. A mí también me gusta pasar las vacaciones en algunos pueblos de la costa, en donde. . . .
3. Hacía mucho calor en un día de julio. Por eso, mi amiga y yo decidimos dar un paseo en coche por las afueras. Llegamos a un pequeño lago en donde estaba prohibido nadar. En la playa se veían. . . .

C. Read the following situation, then play the role of the person indicated in the dialogue.

Pepe y Cecilia miran el humo negro que sale de la chimenea de una fábrica situada en el barrio industrial de la ciudad. Ellos comentan con enojo acerca de la contaminación del aire.

Pepe: ¡Tóxicos y más tóxicos en el aire!
Cecilia: ----------------------

Pepe: Hay que vivir en el campo para respirar un poco de aire puro.
Cecilia: ----------------------

Pepe: ¡Imagínate la miseria de los que deben trabajar en los rascacielos de la ciudad, cerca de la fábrica!
Cecilia: ----------------------

Pepe: Si continuamos así, habrá que llevar máscara antigás muy pronto.

Cecilia: ______________________

Pepe: El gobierno tiene que enforzar la ley contra la contaminación del aire.

Cecilia: ______________________

18. EL CONSENTIMIENTO

Los intercambios de estudiantes traen consigo mejor entendimiento entre los jóvenes hispanoamericanos y los de los Estados Unidos. Por medio de tales intercambios, los jóvenes de las dos culturas pueden aprovechar la ocasión de conocer más íntimamente las costumbres y aspiraciones de la «otra América».

Bill es un chico de Chicago. Como estudiante de intercambio, él va a tener la oportunidad de pasar seis meses en una ciudad pequeña de Hispanoamérica.

En el aeropuerto, Bill es recibido por el doctor Araúz y sus tres hijos. Entre ellos está José, el hijo mayor de la familia y de la misma edad que Bill. Al llegar a la casa, Bill se siente impresionado por la magnitud de ésta y por el número de servidores.

Una señora menuda y cariñosa lo recibe. Ella será su «madre hispanoamericana». Le enseña su cuarto y le dice que han preparado una pequeña recepción para él. Bill se cambia de ropa, vistiéndose sencillamente, a tono con el clima y según la moda norteamericana. Al bajar, el joven nota que las personas presentes están vestidas un poco más formal.

Al principio de la recepción, le costó trabajo comunicarse, como si ya se hubiera olvidado de casi todo lo que había aprendido en sus clases de español. Pero después de un par de horas, y gracias a la presión de la necesidad, su conocimiento del idioma se desenvuelve poco a poco. Bill se sorprende de lo bien que logra comprender y hacerse entender. Aquello impresiona favorablemente a todos los amigos de la familia Araúz.

Los días pasan y los lazos con la familia crecen y se aseguran. Bill se va moviendo en la ciudad y trata de ser amigo de todos. En la refresquería, en el café, y en las tiendas, trata con afabilidad a todos los empleados. Como de costumbre, después de la escuela Bill, José, y sus amigos entran en la refresquería cercana para tomar un refresco y charlar un rato.

Un día, Bill nota la presencia de una nueva empleada, una 5 muchacha muy hermosa que lo impresiona profundamente. Todos los amigos tratan de explicarle lo que piensan hacer durante las fiestas patronales, que se avecinan. Sin embargo, Bill apenas los oye. Sólo tiene ojos para la chica. A partir de ese día, Bill insiste en que se reúnan en la refresquería. Siempre es el primero en llegar. Poco a poco, se va ganando la simpatía y la amistad de la chica que se llama Isabel.

Las fiestas patronales llegan. Para el asombro de Bill, el pueblo entero parece llenarse de una energía especial a la vez que todo se viste de limpio. Las escuelas de la ciudad dan tres 15 días de asueto. El pueblo entero se convierte de la noche a la mañana en una gran fiesta. La víspera de la fiesta, Bill va con la familia Araúz a la plaza para ver los fuegos artificiales.

Al terminar los fuegos, Bill ve a Isabel con unos señores en una esquina de la plaza. Separándose de la familia, el joven va a saludarla. La chica le presenta a sus padres. La familia Araúz se dirige al coche para regresar. Sin embargo, el doctor nota la ausencia del chico y sale a buscarlo. El médico, al reconocer a los compañeros de Bill, se quita el sombrero y saluda cordialmente a los padres de Isabel — como si fueran 25 viejos conocidos.

Aquella noche, Bill, antes de acostarse, se dirige a la sala de estudio para hablar con el Dr. Araúz. Quiere pedir permiso para invitar a Isabel al baile. El doctor le hace notar que Isabel es de una posición social más baja, y que probablemente los demás miembros del club lo criticarían. Al oírle, Bill se queda perplejo; no comprende, y dice:

— ¡Qué importa que la gente critique!

El doctor trata de explicarle que existe en la América latina una división social. Bill le dice que él ha crecido en una sociedad en donde no hay exclusión de clases y que, además, le gusta aquella chica. Esa explicación no disgusta al doctor, ya que ha notado sinceridad en la voz del joven; recuerda cómo es la sociedad norteamericana. Por eso, le dice: 5

— Bill, en tu país la clase media es muy grande y tapa, por lo tanto, las diferencias sociales; pero aquí es muy pequeña.

Bill le escucha con respeto. Después de una pausa, dice:

— Señor, a mí me gusta la chica, y quisiera tener el permiso para llevarla al baile.

— No te reprocho, tienes el permiso, Bill — le dice el doctor. — Pero recuerda lo que te he dicho y no esperes que todos la acepten.

Bill da las buenas noches y sale. El doctor se quita las gafas y saca su pañuelo para limpiarlas. Mientras lo está haciendo, 15 trae a su memoria el recuerdo de que, cuando era joven, había amado a la madre de Isabel, pero su padre no le había permitido que se casara con ella, ni tampoco que la visitara. Le gusta profundamente la insistencia sincera de Bill en favor de la chica. Dentro de él le desea buen éxito social; se lo merece.

A la mañana siguiente, Bill se dirige a la casa de Isabel para invitarla a acompañarle al baile. La madre, al oírlo, pone una cara de dudas, pero Bill agrega que tiene el consentimiento del médico. La madre de Isabel, mirando a su hija y viéndose años atrás, da el permiso con una sonrisa de entendimiento y de satisfacción. 25

En el baile, Bill y su invitada se sientan con José y sus amigos, quienes son muy benévolos. A pesar de esto, Isabel se siente fuera de ambiente y un tanto despreciada por las otras chicas. Bill, notando esto y mirando alrededor, se pregunta: «¿Por qué tiene que haber división de clases sociales? ¿Por qué tiene que haber prejuicios raciales? ¿Por qué no puede existir una sociedad en donde la medida de todos provenga[1] del esfuerzo para triunfar?» Mirando las luces del baile y pensando en el problema, mueve la cabeza de un lado a otro con una expresión de incomprensión.

[1]provenir de—*to arise from*

Consultando el diccionario

afabilidad	agrado, amabilidad
agregar	añadir; reunir o juntar
asueto	día libre; vacación corta que se da a los estudiantes
cariñosa	afectuosa, amorosa
crecer	hacerse mayor; aumentar; desarrollarse
charlar	hablar por hablar; hablar mucho sin valor; conversar, platicar por mero pasatiempo
desenvolver	desarrollar, deshacer lo envuelto o arrollado; desenredar
gafas	anteojos, lentes
magnitud	grandeza; extensión de los cuerpos
merecer	ser digno de premio o de castigo; valer
refresquería	tienda de refrescos o de bebidas
reprochar	echar en cara; censurar; reprobar
tapar	cubrir o cerrar lo que está descubierto o abierto

EJERCICIOS

I. Conteste en frases completas.

1. ¿Quién recibe a Bill en el aeropuerto?
2. ¿Cómo es la casa de su nueva familia?
3. Generalmente, ¿adónde van Bill y los chicos después de la escuela?

4. ¿A quién ve allí un día, por primera vez?
5. ¿Por qué va la familia Araúz a la plaza la víspera de las fiestas patronales?
6. Al regresar esa noche, ¿qué le pide Bill al doctor?
7. ¿Qué recuerda el médico de su juventud?
8. ¿Por qué le da permiso la madre de Isabel?
9. ¿Con quiénes se sientan Bill e Isabel en el baile?
10. ¿Cómo se siente Isabel en el club?

II. Prcguntas personales.

1. ¿Le gustaría a usted ser un estudiante de intercambio? ¿Por qué?
2. ¿A qué país le gustaría ir? ¿Por qué?
3. Generalmente, ¿qué hace usted después de la escuela?
4. ¿Por qué hay divisiones de clases sociales?

III. Use each of the expressions listed below in a Spanish sentence differing in some way from the sentence in which it appeared in the text.

1. al llegar a la casa
2. trata de ser amigo
3. a partir de ese día
4. insiste en que se reúnan
5. cómo si fueran amigos
6. el doctor le hace notar que
7. por lo tanto
8. quisiera pedir permiso para
9. años atrás
10. sólo tiene ojos para

Repaso y adaptación

A. Review the following related words.

fiestas y bailes

1. fiestas nacionales, el dos de mayo, el Día del Año Nuevo, el 14 de abril, el 12 de octubre o el Día de la Raza, parada, desfile

2. fiestas religiosas, el Carnaval, la Cuaresma, la Semana Santa, el Jueves Santo, el Viernes Santo, el Día del Patrón, el Día de San Isidro, el Día de los Difuntos, la Pascua de la Navidad, la Pascua de la Resurrección o la Pascua Florida, el Domingo de Ramos, el día de la madre, la Asunción de Nuestra Señora, el día de los Reyes Magos
3. canciones, bailes, la jota, la muñeira, la seguidilla, la malagueña, la sardana, el flamenco, el fandango, la sevillana, el paso doble, el tamborito, el jarabe tapatío, el bolero, el tango, el joropo, el merengue, la rumba, el pasillo, la cueca; guitarra, gaita, castañuela, pandereta, tambor, maracas, clave, marimba, acordeón

B. Continue the development of the following topics by composing two or more Spanish sentences, each containing words that have been reviewed.

1. Bill era un estudiante de intercambio que asistía a una escuela secundaria en Hispanoamérica. Como de costumbre, después de la escuela, entraba con sus amigos en la refresquería cercana para tomar un refresco. Un día Bill notó la presencia de una empleada muy hermosa que lo impresionó y. . . .
2. Durante el verano, dos estudiantes de la clase de español fueron a España. Ayer en la clase, contaron sus experiencias y mostraron unas fotos. Dijeron que. . . .
3. A mí me gusta viajar por otros países y observar las costumbres y el folklore de los pueblos. La música y los bailes españoles me encantan. Entre ellos, prefiero. . . .

C. Read the following situation, then play the role of the person indicated in the dialogue.

Diego y Anita están en un baile. Mientras toman una soda, conversan acerca de la música y de las decoraciones de la sala.

Diego: ¡Qué gentío!

Anita: ----------------------

Diego: La orquesta mezcla bien los bailes: después de una pieza rápida, tocan siempre una lenta.

Anita: ----------------------

Diego: Me gustan mucho las decoraciones y el juego de colores. He oído decir que el comité de decoración trabajó todo el día para arreglar la sala.

Anita: ----------------------

Diego: ¡Todo esto es un éxito completo!

Anita: ----------------------

Diego: ¡Escucha! Están tocando mi canción favorita.

Anita: ----------------------

19. ENTRE COMPAÑEROS

Al sur de España, no muy lejos de Sevilla, hay una famosa hacienda en donde se crían los toros Miuras. Éstos son usados para el toreo. Un día llegó a la hacienda un camión que trajo un toro herido. Este toro seguía luciendo gallardo y valiente, a pesar de sus heridas. En la hacienda había muchos toretes entretenidos en sus juegos favoritos de golpearse la cabeza y de cruzar los cuernos como si fueran espadas. Entre los jóvenes toros había uno que no participaba en los juegos. Él se interesó mucho por el toro que acababa de llegar.

Con el pasar de los días, a pesar de la diferencia de edad, el joven toro logró obtener la confianza del toro convaleciente. Por eso, un día se atrevió a preguntarle sobre lo que le había pasado. El toro no quería renovar en su mente las angustias de cierta tarde, pero al ver la mirada leal e inteligente del joven, le contó la siguiente historia:

—Yo vivía orgulloso de ser toro. Siempre caminaba con arrogancia y así me porté durante un encierro en el que había unos señores. Los vi señalar a otros cinco toros y a mí. Después, unos vaqueros vinieron y, para mi asombro, me encerraron en una caja con poca luz. Sentí que me llevaban lejos del lugar en donde yo había crecido. Oí a los hombres decir que se me llevaba a una fiesta de toros. Me alegré, pues creí que sería una tertulia de toros. Sin embargo, muy pronto me di cuenta de mi error.

Después de varios días de estar a oscuras, oí ruidos: voces que gritaban «¡Olé!» y gente que aplaudía. De pronto, abrieron la puerta. La luz del día me molestó los ojos. Queriendo saber lo que pasaba, salí pronto y con gallardura. Creí que era un lugar abierto, pero me asombré al verme en un gran círculo. Corrí de aquí y de allá, asustado, buscando una salida. Miré alrededor y vi a mucha gente vestida de muchos colores. Les oí gritar: «¡Viva el toro bravo!» Entonces pude ver a un hombre a caballo no muy lejos de mí. Corrí hacia él para pedirle ayuda y, para mi asombro, me atacó con una pica. Me sentí herido en el cuello y los músculos adoloridos. Por lo tanto, me defendí. Yo lo ataqué con coraje, tumbándolo del caballo. De repente, alguien me habló a mis espaldas y me volví. Un señor con un traje que reflejaba una luz dorada y con un capote rojo en la mano venía a mi encuentro. Pensé que venía a socorrerme y corrí hacia él con entusiasmo. Pero, haciéndose a un lado, me evitó. Corrí nuevamente y volvió a evitarme a la vez que me golpeaba el rostro con el trapo. Miré en otra dirección y vi a otra persona que venía hacia mí con dos banderillas levantadas. Me fui acercando a él con curiosidad, y de pronto corrió hacia mí y me enterró las banderillas en la paletilla. Aquello me dolió y me enfureció mucho. Por fin, me di cuenta de que aquellos hombres eran mis enemigos, y empecé a embestir con furia. Fue una pelea a muerte. Por más que me esforzara, no lograba engancharlos con mis cuernos. Llegó un momento en que uno de ellos me dio la espalda y ni así pude cogerlo[1], pero no me desanimé, y continué peleando con furia. Eran muchos contra mí, y me fui sintiendo cansado, débil. La arena se veía roja con mi sangre. Los gritos de «¡Olé!» se hacían más frecuentes, y me molestaban a los oídos. Me detuve un momento, y me quedé mirando a ese mal hombre bien vestido. Lo vi levantar una espada fina. Me di cuenta de que pensaba matarme. Se volvió en redondo como pidiendo permiso. El público se levantó agitando pañuelos blancos y gritaba «¡Perdónalo! ¡Perdónalo!» Yo no entendía aquello, pero vi al hombre bajar la espada. Luego, unos vaqueros me sacaron de allí. Aquella tarde de toros fue una terrible experiencia, como una pesadilla.

Cuando yo venía aquí oí decir que me habían perdonado la vida por ser un toro bravo y un magnífico ejemplar. Entre compañeros, te aconsejo que, cuando crezcas y vengan hombres

[1]ni así pude cogerlo—*even so, I could not gore him*

a verte, no luzcas gallardo ni valiente, sino desaliñado y cobarde. Así evitarás los tormentos que me dieron aquella tarde — ese «deporte» bárbaro que aún no entiendo, y del que la gente parece gozar tanto. ¡Qué mundo éste!

Consultando el diccionario

criar	alimentar y cuidar
desaliñado	descuidado; que muestra descompostura o falta de arreglo
embestir	atacar
encierro	acto de conducir los toros para encerrarlos en el toril
enganchar	agarrar una cosa con gancho o colgarla de él
gallardo	bien parecido, apuesto, guapo; valiente
golpear	dar choques violentos
herir	dar un golpe que produzca llaga, fractura, o contusión; lastimar
lograr	obtener, conseguir
orgulloso	arrogante, vanidoso
paletilla	hueso del hombro
pesadilla	sueño malo, mal rato
trapo	capote o muleta del torero; pedazo de tela vieja y rota
tumbar	hacer caer, derribar

EJERCICIOS

I. Conteste en frases completas.

1. ¿Cómo lucía el toro que trajeron a la hacienda?
2. ¿Qué ocurrió en el encierro?
3. ¿Cómo llevan a los toros de la hacienda a la plaza?
4. ¿Qué creyó el toro que era una fiesta de toros?

5. Al salir al redondel, ¿qué vio y qué oyó el toro?
6. ¿Qué le pasó al picador?
7. ¿Cómo atacaba el toro?
8. Al levantar el matador el estoque, ¿qué agitaba el público y qué gritaba?
9. ¿Por qué le habían perdonado la vida al toro?
10. ¿Cuál es el consejo que da el toro bravo al torete?

II. Preguntas personales.

1. ¿Cuáles son sus impresiones de una corrida de toros?
2. ¿Piensa usted que la corrida de toros es un deporte o es un duelo? Comente.

III. Use each of the expressions listed below in a Spanish sentence differing in some way from the sentence in which it appeared in the text.

1. al ver la mirada leal de
2. corrí de aquí y de allá
3. para mi asombro, me
4. queriendo saber
5. pues me di cuenta de que
6. me quedé mirando
7. les oí decir que
8. entre compañeros, te aconsejo que
9. pensé que venía a
10. me detuve un momento y

Repaso y adaptación

A. Review the following related words and expressions.

la corrida de toros

1. corrida de toros, encierro, tauromaco, plaza de toros, toril, redondel, arena, alguacil, cuadrilla, paso doble, torero, matador, picador, banderillero, suerte de capa (de varas, de banderillas, de muleta), cuadrar el toro, tirar al fondo

2. traje de luces, montera, capote, capa, muleta, estoque, pica, banderilla; verónica, semi-verónica, manoletina, farol, rodillada, pase de la muerte

B. Continue the development of the following topics by composing two or more Spanish sentences, each containing words that have been reviewed.

1. Durante mi visita a España fui a Sevilla, en donde asistí a una corrida de toros. La plaza de toros estaba llena de aficionados. Al empezar los músicos a tocar el paso doble «la Macarena», la cuadrilla desfiló por el redondel. Más tarde se abrió el toril y un toro negro salió embistiendo. Yo. . . .
2. Entre los deportes españoles yo prefiero. . . . porque. . . .

C. Read the following situation, then play the role of the person indicated in the dialogue.

Nacho y Rosalía asistieron a una corrida de toros. Aquella tarde uno de los matadores fue herido.

Nacho: ¡Qué toro tan bravo es Islero!
Rosalía: ---------------------

Nacho: ¡Ojalá que el matador no haya sido herido mortalmente!
Rosalía: ---------------------

Nacho: Yo oí decir que le dieron una transfusión de sangre en la enfermería.
Rosalía: ---------------------

Nacho: Es la primera vez que veo perdonar a un toro.
Rosalía: ---------------------

Nacho: Ya compré los boletos para el próximo domingo.
Rosalía: ---------------------

Feliz Navidad

20. EL AGUINALDO DE ESPERANZA

La familia de Jim vivía en un arrabal[1] de Cleveland. Jim era un soldado de profesión y un técnico en guerrillas[2]. Por eso había sido enviado como instructor al Istmo de Panamá. Jim echaba de menos a su mujer y a sus dos hijos pequeños. Le gustaba la carrera militar, pero ante la proximidad de la Navidad, se sentía solo y triste. ¡Cuánto le gustaría estar con su familia en ese día de paz y de amor!

Era la Nochebuena y hacía calor. Jim estaba aburrido. Con las manos metidas en el bolsillo, caminaba por las calles de la ciudad mirando los puestos de los buhoneros[3] llenos de juguetes. Pensó en su familia y tristemente se preguntó: ¿Por qué tiene que haber guerras? ¿Por qué no pueden los hombres vivir en paz? ¿Por qué no pueden sentarse y resolver los problemas diplomáticamente?

Continuó andando sin meta[4], cuando de pronto vio una iglesia al final de una plaza. Se fue acercando a ella y oyó una música suave que le gustó.

Jim no era católico, pero sabía que los panameños lo eran al igual que la mayor parte de los latinoamericanos. Había notado que por todas partes había *nacimientos* como decoraciones de Navidad. Recordó que el año pasado nevaba cuando había ido con su familia a su iglesia protestante a dar gracias al Señor por toda la comprensión y felicidad de que disfrutaban. Así mismo recordó la felicidad que vio en los ojos de los niños al abrir los regalos que estaban debajo del arbolito en la mañana del día de la Navidad. Con estos pensamientos entró en la iglesia y se quedó en el atrio[5]. Desde allí se puso a observar a

[1]arrabal—*suburb*
[2]técnico en guerrillas—*specialist in guerrilla warfare*
[3]buhonero—vendedor ambulante
[4]sin meta—sin rumbo
[5]atrio—entrada, vestíbulo

las personas, a mirar los pilares y las paredes llenas de pinturas, que daban la impresión de un museo de arte. Al lado izquierdo del altar, había un hermoso nacimiento. Los fieles cantaban «Noche de Paz»; escuchándolos, Jim empezó a canturrear 5 «Silent Night». Después de un rato, salió de la iglesia porque tenía que volver a su base. Al día siguiente él tendría que vigilar un programa de fiesta que se daría a todos los soldados de la base. (Esta base era uno de los fuertes de la zona del Canal, en la costa del Pacífico.)

A la mañana siguiente, cuando Jim se despertó, el sol ya estaba alto. Se vistió rápidamente y se dirigió a la plaza central del fuerte. El programa de Navidad tendría lugar al aire libre. En el centro de la plaza, se había construido una plataforma para los festejadores[6]. Jim pasó por delante de la 15 plataforma y se sentó en la primera fila de la gradería[7]. Desde allí vio llegar, en grupos pequeños, a los soldados de la base, que lucían alegres y llenos de vida.

La banda comenzó a tocar, y, de inmediato, los soldados empezaron a aplaudir y a silbar. Jim se volvió y vio a Bob Esperanza subir a la plataforma con un grupo de chicas muy hermosas. Aquel comediante tan famoso iba de base en base llevando un rato de recreación y de vida a los tristes soldados, que estaban tan lejos de los suyos[8]. El programa se desarrollaba entre risas, asombros, silbidos, y aplausos. La alegría y el 25 entusiasmo de los soldados crecían. De pronto, al abrir unas cortinas, se vio una caja grandísima envuelta y atada con una cinta en forma de aguinaldo. Tenía una puerta por delante.

— Señores — dijo el director del programa señalando el paquete — Yo les he traído un aguinaldo especial, que es éste. Días atrás se sacó a la suerte un ganador, y éste es su regalo. Aquí tengo el nombre; el ganador es . . . Jim Mason.

Jim oyó su nombre con gran asombro. Subió lentamente a

[6]festejador—*entertainer*
[7]gradería—*bleachers*
[8]de los suyos—de sus padres, esposas e hijos, etc.

la plataforma mientras que todos aplaudían. Él no lo creía. Bob Esperanza y Jim se dieron la mano, y aquél le dijo:

— ¿Tiene algo que decir el ganador?

— Que todo esto es increíble, y lo agradezco mucho.

Jim soltó el lazo, abrió la puerta de la caja, y lanzó una exclamación de alegría. No podía creerlo. De aquella caja grande salieron tres personas: su esposa y sus dos hijos. ¡Qué sorpresa! Aquello fue un verdadero aguinaldo de esperanza y de felicidad. 5

Consultando el diccionario

aburrido, -a	fastidioso, cansado, tedioso
agradecer	estar agradecido, dar gracias
aguinaldo	regalo; presente que se da durante la Navidad
atar	amarrar, ligar
canturrear	cantar entre dientes, cantar a media voz; tararear
carrera	profesión, ocupación, marcha rápida
colocarse	ponerse, situarse
fiel	creyente, que guarda fe; seguidor de una religión o secta; leal
nacimiento	representación del portal de Belén (*Nativity scene*)
Nochebuena	víspera o noche anterior a la Navidad
sacar a la suerte	sacar un buen o mal número en un sorteo, jugar al azar
silbar	chiflar; sonido que se produce con la boca soplando fuertemente
soltar	desatar; poner en libertad; dejar libre lo que estaba atado

EJERCICIOS

I. Conteste en frases completas.

1. ¿Por qué estaba Jim en el Istmo de Panamá?
2. ¿Por qué se sentía solo y triste?
3. ¿Qué había en los puestos de buhoneros?
4. ¿Qué observó Jim en la iglesia?
5. ¿Qué cantaban los fieles?
6. ¿Por qué tenía Jim que regresar a su base temprano?
7. ¿Por qué iba Bob Esperanza de base en base?
8. ¿Cómo se había escogido el ganador del aguinaldo?
9. ¿Cómo era la caja?
10. ¿Quiénes salieron de la caja?

II. Preguntas personales.

1. ¿Cuál fue su aguinaldo favorito de Navidad?
2. Si usted tuviera que escoger entre una Navidad blanca o una de color, ¿cuál preferiría y por qué?

III. Use each of the expressions listed below in a Spanish sentence differing in some way from the sentence in which it appeared in the text.

1. echaba de menos a
2. al pensar en . . . ., recordó que
3. por todas partes había
4. había ido a dar
5. así mismo se acordó de
6. se puso a
7. días atrás
8. se volvió y
9. continuó andando sin
10. se sentía solo y

Repaso y adaptación

A. Review the following related words and expressions.

fiestas religiosas

1. el árbol de Navidad, las luces de colores, el nacimiento, la estrella de Belén, la Nochebuena, la misa del gallo, los pastores, los villancicos, el mazapán, los Reyes Magos, los camellos, la paja, el aguinaldo.
2. Domingo de Ramos, Semana Santa, Jueves Santo, Viernes Santo, procesión, pasos, cofradía, saeta, cante jondo, calvario, gólgota, penitente, mantilla, Domingo de Resurrección o Pascua Florida
3. día del patrón, verbena, romería, piñata

B. Continue the development of the following topics by composing two or more Spanish sentences, each containing words that have been reviewed.

1. Jaime era un soldado de profesión. Se encontraba lejos de casa y durante la Navidad echó de menos a su familia. Por eso, entró en la iglesia y. . . .
2. Era la Nochebuena y mi familia y yo asistimos a la misa del gallo. Cuando regresábamos debajo del arbolito de Navidad había muchos aguinaldos. Empezamos a abrirlos y yo. . . .
3. Era la Semana Santa y yo estaba en Sevilla. El Viernes Santo, salí a caminar con la procesión y oí unas saetas muy lastimosas. También vi. . . .

C. Read the following situation, then play the role of the person indicated in the dialogue.

Sandra y Olga han ido al centro para comprar unos disfraces. Mientras miran los escaparates, hablan sobre el baile de máscaras.

Sandra: Sabrás que Rubén me ha invitado a ir con él al baile.

Olga: ----------------------

Sandra: Tengo entendido que una orquesta muy famosa amenizará el baile.

Olga: ----------------------

Sandra: Mira los disfraces de ese escaparate.

Olga: ----------------------

Sandra: Ramón me dijo que Rubén irá de pirata; yo quiero ir de mariposa.

Olga: ----------------------

Sandra: ¿Qué disfraz andas buscando?

Olga: ----------------------

PANAMÁ
MONTERREY
ACAPULCO
BARCELONA
LIMA
LISBOA
MÉXICO
MADRID
LONDRES
PARÍS

21. LA GUITARRA VAGABUNDA

La avenida de los Insurgentes en la ciudad de México es una de las más hermosas del mundo. Además, es un paseo y un centro turístico con cafés, restaurantes, negocios variados, y tiendas de toda clase en donde, entre muchas cosas, se pueden adquirir unas buenas maracas, un tambor, una marimba, 5 o una guitarra nueva o de segunda mano.

En una de esas tiendas hay un señor que, además de vender toda clase de instrumentos músicos, repara y hace guitarras. En un cuarto trasero, se ven instrumentos que pueden considerarse reliquias al igual que otros que son recién fabricados. Allí hay una guitarra deslucida que parece triste en el rincón en donde está colocada. Los otros instrumentos le dan la impresión de que se ríen de ella. Por eso, una noche con voz vibrante aunque triste, dirigiéndose a todos, les contó su historia. 15

— No siempre he estado así. Yo he visto casi todo el mundo hispánico. Con mis dueños he compartido glorias, alegrías, y angustias. Salí de una tienda situada en la Puerta del Sol, en Madrid, bajo el brazo de un estudiante ambicioso. Vibré por los cafés madrileños, en los ateneos, en las tertulias, en el Retiro, haciendo a mi dueño popular en poco tiempo. Como éste era sevillano, me llevó a su ciudad natal durante la Semana Santa. Estuve con él en las procesiones en donde participé en las saetas lastimosas que alababan la bondad de Jesús. El domingo de Pascua Florida estuve en las fiestas populares. 25 Allí vibré en los bailes flamencos y fui seguida por el taconeo del paso doble de los gitanos y por el ritmo de las castañuelas y del tamboril. Viajé por toda España. Recorrí los corredores y los patios de la Alhambra y de otros palacios moros o cristianos. Por todas partes alabaron mi sonido, que expresaba la pasión, la violencia, y la ternura que encierran el sentimiento español. Me vi acariciada y admirada tanto por las personas famosas como por las humildes; por manos toscas al igual que manos suaves femeninas.

Durante una temporada de toros en Pamplona, mi amo se hizo muy amigo de un joven músico argentino, y me regaló
5 a ese suramericano como señal de amistad profunda.

A los pocos días me hallé en la Argentina. Con sorpresa vi que yo vibraba muy bien con las pasiones de los tangos, las ternuras de los pasillos, las bravuras de los joropos. Entonces, me di cuenta de que España comienza en los Pirineos, pero que el Océano Atlántico no es su límite, ya que Hispanoamérica se porta y siente muy similar a España.

Mi nuevo dueño, complacido con mi sonoridad, me llevó consigo en su jira por la América latina. Canté a presidentes, a dictadores, a diplomáticos, y a gente de barrio en los car-
15 navales y en las fiestas patronales.

Un día aquí en México, mi dueño se enamoró de una guitarra nueva mejicana, y por eso me dejó aquí en su cambio. Ya me siento vieja; veo un futuro incierto, y esto me entristece. Yo quisiera volver a España para morir allá, bajo el sol de Castilla que me vio nacer.

Las guitarras nuevas se dieron cuenta de la dura realidad de la vida, y desde esa noche miraron con admiración a la guitarra viajera.

Consultando el diccionario

alabar	elogiar, felicitar, loar, encomiar
ateneo	lugar de reunión de una profesión
deslucido, -a	sin brillo, que no está brillante
humilde	tímido, modesto, recatado
jira	viaje de negocio o de turismo
joropo	baile nacional de Venezuela

lastimoso, -a	digna de compasión
reliquia	algo muy viejo, antiguo
rincón	esquina de una casa por dentro
saeta	lamento; canto lastimoso que se canta en las iglesias o procesiones españolas
taconeo	zapateo; acción de golpear con los tacones el suelo al seguir el ritmo de la música
ternura	blandura, sensibilidad, cariño
tertulia	reunión de personas que se juntan para distraerse y conversar
tosco, -a	áspero; escabroso
trasero, -a	de atrás

EJERCICIOS

I. Conteste en frases completas.

1. ¿Qué se puede hallar en la avenida de los Insurgentes?
2. ¿De dónde era originalmente la guitarra vagabunda?
3. ¿En dónde había tocado por primera vez?
4. ¿Adónde fue durante la Semana Santa y por qué?
5. ¿Cuáles son unos bailes españoles?
6. ¿Qué le pasó a la guitarra en Pamplona?
7. ¿Cómo es el sentimiento español?
8. ¿Cómo se portan los hispanoamericanos?
9. ¿Para quiénes había tocado en Hispanoamérica?
10. ¿De qué se dieron cuenta las guitarras nuevas?

II. Preguntas personales.

1. ¿Qué instrumento músico le gusta tocar?
2. Si usted pudiera escoger entre dos guitarras, una española, otra norteamericana, ¿cuál escogería, y por qué?

III. Use each of the expressions listed below in a Spanish sentence differing in some way from the sentence in which it appeared in the text.

1. se pueden adquirir unas
2. en un cuarto trasero se ven
3. se ríen de ella
4. a los pocos días
5. por todas partes
6. en su jira por
7. ya me siento
8. entre muchas cosas
9. fui seguida por
10. se hizo muy amigo de

Repaso y adaptación

A. Review the following related words and expressions.

tipos y lugares hispánicos

1. tipos: el charro, el gaucho, el roto, el llanero, el payador, el sereno, el limosnero, el pordiosero, el mendigo, la lavandera, el aguatero o aguador, el limpiabotas, el bedel o portero, el cartero, el campesino, el hidalgo, el caballero, el buhonero o vendedor ambulante

2. café, ateneo, casino, tertulia, museo del Prado, Palacio Real, El Retiro, la Puerta del Sol, El Escorial, El Alcázar, la Alhambra, El Generalife, El Morro, Castillo de Chapultepec, Paseo de la Reforma, Machu Picchu, Avenida 4 de mayo, Panamá la Vieja

3. carnaval, Dios Momo, comparsa, carro alegórico, fuegos artficiales, falla, feria, San Fermín, romería del rocío, paseo, ronda, pelar la pava, noviazgo, boda

B. Continue the development of the following topics by composing two or more Spanish sentences, each containing words that have been reviewed.

1. El sargento Mason tomó aquella tarde libre y decidió dar un paseo por la ciudad. Era el domingo de carnaval y toda

clase de gente participaba en las alegrías. Se sentó en un café y vio pasar comparsas y disfraces de. . . .

2. Los profesores de español del estado de Nueva York quieren hacer un viaje por la América latina con los estudiantes. La excursión no es muy cara. Por esas tierras veremos. . . .

3. Si yo pudiera ser un personaje típico del mundo hispánico, quisiera ser un. . . . porque. . . .

C. Read the following situation, then play the role of the person indicated in the dialogue.

Aurelio, Lucía, y otros amigos están en una tertulia. Ellos están hablando acerca de las costumbres españolas que el profesor mencionó en la clase, y que pronto verán en su viaje.

Aurelio: Saldremos para España durante la Semana Santa.

Lucía: ----------------------

Aurelio: Sí, la veremos. También pensamos ir a Pamplona.

Lucía: ----------------------

Aurelio: Por supuesto. Allí iremos a un café.

Lucía: ----------------------

Aurelio: Iremos a algunos pequeños pueblos también. En ellos se conservan muchas costumbres viejas.

Lucía: ----------------------

Aurelio: Quisiera ser sevillano y pelar la pava en una reja de una morena.

Lucía: ----------------------

22. ¿CÓMO TE ESCAPAS TÚ?

Vivo en uno de esos apartamientos pequeños y pobres de los barrios de vecindad. Por la noche me tiro en el sofá y miro mis programas favoritos en la televisión, identificándome a menudo con el héroe principal de los programas. Soy un soñador. Necesito serlo, ya que me amargan profundamente las condiciones deplorables de mi barrio y de mi origen. Cuando mis programas favoritos terminan, me levanto del sofá, y para el placer de mis hermanitas, salgo a la calle. Ahora ellas podrán ver sus programas. En aquel hogar, cada uno quiere ver el programa que prefiere; y yo, como siempre, me impongo por la fuerza, al disgusto de los otros. Lo ideal sería tener un televisor para cada uno de nosotros, y así me dejarían en paz — pero mis padres no pueden hacer ese gasto. Cuando yo tenga un empleo, me propongo comprar un televisor para mí sólo.

Aquella noche salí a la calle, la que se veía solitaria y tenebrosa, como en los programas de misterio o policíacos. Yo veía que en los cafés los pocos parroquianos miraban la pelea de boxeo o las revistas de variedades en la televisión. Los apartamientos de los alrededores estaban en penumbras. De muchos televisores, las voces de actores y cantantes llegaban a la calle. Parecía que todo el mundo estaba mirando la televisión. «¿Por qué no?» me pregunté, «si hay muchos canales y hay programas para todos los gustos.» Las personas estaban sentadas delante de los televisores, como si fueran hipnotizadas y magnetizadas por ellos. Se sentían transportadas a un mundo de sueños en el que se realizan todos los deseos y todas las ambiciones. Eso me hizo preguntar si la televisión es algo recreativo y educativo, o si, al contrario, es un narcótico que no deja a las personas pensar, y, por lo tanto, elimina el espíritu creador. Me parecía que, en mi caso, yo me escapaba también de la realidad al mirar la televisión; que me refugiaba en un mundo fantástico, heróico y de sueños. Quisiera vivir en un hogar feliz en donde la televisión sea un pasatiempo recreativo, en donde se haya vencido su embrujo por cosa de mayor valor — como lo es la charla familiar.

Me gustaría ver en mi hogar a mi padre sentado en su silla 5 favorita, leyendo la prensa o ayudando a mis hermanas en sus tareas escolares. Me gustaría que mi madre fuera feliz, que no debiera preocuparse de la situación económica del mañana — que, junto con mi padre, pudiera guiarnos hacia un futuro más prometedor.

Continué caminando por las calles de mi barrio. Me di cuenta de que soñaba una vez más, pero en esta ocasión no me identificaba con los héroes de la televisión, sino que yo ambicionaba un mejor hogar, cosa que podría ser lograda con un poco de esfuerzo y cooperación. Siguiendo a mis quimeras, 15 continué escapándome de la realidad. Y estimado lector, ¿cómo te escapas tú?

Al llegar a esta pregunta, Ábel puso un punto interrogativo y dio por terminada la composición asignada por el profesor de español y titulada «Un Escape». Estaba satisfecho y esperaba ganarse el premio del concurso organizado por los profesores de lenguas.

Al final del día escolar, el director del plantel dio a conocer el triunfo de Ábel. Aquello lo llenó de orgullo, y sus amigos lo felicitaron.

25 Los estudiantes de español que están en aquella clase tendrán ahora que formular conversaciones derivadas del tema de Ábel. Además, dentro de un mes tendrán que preparar un manuscrito para un drama que será representado en la televisión educativa interna de la escuela, para todos los estudiantes de la lengua española.

Consultando el diccionario

amargar	pesar, tener sabor parecido a la hiel, afligir
concurso	certamen, competencia

dar por + *past participle*	considerar
embrujo	hechizo, fascinación, encantamiento
esfuerzo	acción que resulta de un intento fuerte
imponerse	dominar
penumbra	sombrío; sombra tenue entre la luz y la obscuridad
plantel	escuela, establecimiento de educación
prometedor, -a	que promete, con esperanza
quimera	idea falsa, desvarío, ilusión
refugiarse	ampararse, protegerse, acogerse, asilarse
tenebroso, -a	sombrío, sumido en las tinieblas

EJERCICIOS

I. Conteste en frases completas.

1. ¿Quién escribió la composición?
2. ¿Por qué la escribió?
3. ¿Cómo era el barrio en donde vivía Ábel?
4. ¿Por qué estaban contentas sus hermanitas al verlo salir de casa?
5. ¿Qué hacía la gente en los cafés?
6. ¿Qué se oía en la calle?
7. ¿Cómo estaban las personas sentadas delante de los televisores?
8. ¿Por qué se escapaba Ábel de la realidad?
9. ¿Cómo se escapaba de la realidad?
10. ¿Qué harán con la composición los estudiantes de español en la clase de Ábel?

II. Preguntas personales.

1. ¿Cómo se escapa usted de la realidad?
2. Según usted, ¿qué papel debe desempeñar la televisión?
3. ¿Piensa usted que la televisión influye en la moda?
4. ¿Qué programas de televisión prefiere usted?

III. Use each of the expressions listed below in a Spanish sentence differing in some way from the sentence in which it appeared in the text.

1. cada uno quiere ver
2. todo el mundo estaba
3. me parecía que
4. me tiro en
5. me gustaría que
6. por lo tanto elimina
7. continué caminando por
8. dio por terminada
9. al final del día escolar
10. tendrán que formular

Repaso y adaptación

A. Review the following related words and expressions.

los programas de televisión

1. programa de variedades, banda, bailarina, danzarín, cuadrilla, trío, cómico, orquesta, anunciador, artista, estrella, actriz, actor
2. programa policíaco, policía, detective, radio patrulla, sargento, teniente, capitán, prisión o cárcel, ladrón, criminal, asaltante, corte, juez, reo, jurado, defensor, acusador
3. programa de aventura, saboteador, agente federal, espía, contrabando, narcótico, tráfico de drogas, explosión, incendio, bombero, héroe, guardabosque, rastreador, vaquero, bandido, banda de cuatreros
4. programa especial, entrevistar al presidente, senador, gobernador, alcalde; reportes de desastres, revoluciones, cultura y educación; comentario de política, actualidad, arte, deportes

B. Continue the development of the following topics by composing two or more Spanish sentences, each containing words that have been reviewed.

1. Ábel por la noche se tiraba en el sofá y. . . .
2. A mí me gusta mirar la televisión porque me identifico con el héroe principal del programa y sueño con. . . .

3. Los programas de televisión que me gustan más son. . . . porque. . . .

C. Read the following situation, then play the role of the person indicated in the dialogue.

Es lunes por la noche y la familia ha terminado de cenar. Miguel quiere ver el partido de fútbol en la televisión, pero su hermana Virginia quería ver el programa de variedades.

Miguel: Con permiso, voy a ver el juego.

Virginia: ---------------------

Miguel: Pero el partido de hoy es muy importante y decisivo.

Virginia: ---------------------

Miguel: Anoche tú viste todos tus programas favoritos.

Virginia: ---------------------

Padre: ¡Hasta cuándo van a discutir por la bendita televisión!

Virginia: ---------------------

Padre: Vamos a ver si ustedes llegan a un acuerdo sin gritar.

Virginia: ---------------------

EXPRESSIONS AND IDIOMS

acabar de	to have just
a causa de	because
acerca de	about, concerning
acercarse a	to approach
acordarse de	to remember
¿A cuántos estamos?	What's the date?
¡Adelante!	Forward! Come in!
a eso de	about
a fondo	thoroughly
a fuerza de	by dint of
a la derecha	to the right
al aire libre	in the open air
a la izquierda	to the left
al amanecer	at daybreak
alegrarse de	to be glad
alejarse de	to go away from
al fin	finally
al menos	at least
al principio	at the beginning
alrededor de	around
a menudo	often
a pesar de	in spite of
apoyarse en	to lean against
a propósito	by the way
asomarse a	to look out
a tiempo	on time
atreverse a	to dare to
¡Buen provecho!	Good appetite!
cada uno	each one
cada vez más	more and more
cada vez que	every time that

casarse con	to marry
claro que no	of course not
¡Cómo no!	Why not? Of course!
con permiso	excuse me
consentir (en)	to consent (to)
creer que no	not to believe so
creer que sí	to believe so
cuidarse de	to take care of
cumplir con	to fulfill
dar a	to face
dar con	to come upon
dar cuerda	to wind
dar gritos	to shout
dar la hora	to strike the hour
dar las gracias	to thank
dar por	to consider as
dar un paseo	to take a walk
dar la vuelta	to turn around
darse cuenta	to realize
darse la mano	to shake hands
¡Date prisa!	Hurry up!
de cuando en cuando	from time to time
de manera que / **de modo que**	so that
de nada	you are welcome
de nuevo	again
de pie	standing
de pronto	suddenly
¿De quién es?	To whom does it belong?
de repente	suddenly
de rodillas	kneeling
de tanto en tanto	from time to time
de veras	really, truly
de vez en cuando	from time to time
dirigirse a	to address, to make one's way to

echar de menos	to miss
en busca de	looking for
encima de	on top of
encontrarse con	to meet
en cuanto a	regarding
enfrente de	in front of
¿En qué puedo servirle?	What can I do for you?
en seguida	immediately
en vez de	instead of
estar de acuerdo con	to be in agreement with
estar de vuelta	to be back
estar para + *inf.*	to be about to
fiarse de	to trust
¡Figúrate!	Imagine!
fijarse en	to stare at, to notice
fin de semana	weekend
gozar de	to enjoy
guardar cama	to stay in bed
había, hubo	there was, there were
hace + *time expression* + **que** + *preterite*	ago
hace buen tiempo	it is fine weather
hace poco	a little while ago
hacer de	to act as
hacer el papel de	to play the role of
hacer falta	to need, to be lacking
hacer frío (calor, sol, viento, fresco)	it is cold (hot, sunny, windy, cool)
hacer galas de	to glory in having done something, to show off
hacer una pregunta	to ask a question
hacer un viaje	to take a trip

hacerse	to become
hay	there is, there are
hay que	one must, it is necessary
hoy día	today, at present, nowadays
insistir en	to insist on
ir de compras	to go shopping
junto a	next to, besides
la mayor parte de	most of
Lo siento.	I am sorry.
llegar a ser	to become
llevar a cabo	to carry out
mañana por la mañana	tomorrow morning
me parece que	it seems to me that
mientras tanto	meanwhile, in the meantime
no cabe duda	there is no doubt
no importa	it does not matter
no obstante	nevertheless
no te molestes	don't bother, don't worry
oler a	to smell of, to smell like
olvidarse de	to forget
otra vez	again
parecerse a	to resemble
pensar + *inf.*	to intend to, to plan to
pensar en	to think of
ponerse + *adj.*	to become (involuntarily)
ponerse a + *inf.*	to begin to
por fin	at last, finally
por lo general	usually, generally

por supuesto	of course
prestar atención	to pay attention
¿Qué hay de nuevo?	What's new?
quejarse (de)	to complain (of)
¡Qué lástima!	What a pity!
¡Qué lata!	What a nuisance!
¿Qué pasa?	What's the matter?
querer decir	to mean
yo quisiera	I would like
sacar una fotografía	to take a picture
sano y salvo	safe and sound
ser aficionado(-a) a	to be fond of
se trata de	it concerns
sin duda	without doubt
sin embargo	nevertheless, however
soñar con	to dream of
tal vez	perhaps
tener cuidado	to be careful
tener éxito	to be successful
tener ganas de	to feel like
tener hambre	to be hungry
tener lugar	to take place
tener prisa	to be in a hurry
tener que + *inf.*	to have to
tener razón	to be right
tener sueño	to be sleepy
tener suerte	to be lucky
tener vergüenza	to be ashamed
todo el mundo	everybody
tratarse de	to be a question of
un amigo mío	a friend of mine
unos cuantos	a few

valer la pena	to be worth the trouble
¡Vámonos!	Let's go!
volver + *inf.*	to . . . again
volver en sí	to regain consciousness
¡Ya lo creo!	Of course, I should say so!
ya no	no longer
ya que	since

DICCIONARIO

Note

Not included in the vocabulary are: most past participles of listed verbs; most adverbs in "mente," when the adjectives from which they are derived appear; common numerals; many words of identical spelling in Spanish and English; a few words fully defined in context; certain familiar geographical designations and easily recognized proper nouns.

Where gender signs do not appear, nouns ending in **o** and **ón** are masculine; those ending in **a, ad, ud, ez, umbre,** and **ión** are feminine.

Changes in the stem vowels of certain verbs are indicated in parentheses. The stem change in the present tense is given first, followed by the change (if any) in the preterite stem. Example: **morir (ue, u).**

ABBREVIATIONS

adj.	adjective
adv.	adverb
f.	feminine
m.	masculine
pl.	plural

abierto, -a open
abogado lawyer
abrazar to embrace
abrigo coat
abril April
abrir to open
abuelo grandfather
aburrido, -a boring
aburrir to bore
acá here, over here

acabar	to finish
acariciar	to caress
aceite, *m.*	oil
acera	sidewalk
acercarse	to approach
acompañar	to go with, to accompany
acordarse (ue)	to remember
acostarse (ue)	to go to bed
actuar (ú)	to act, to perform, to put into action
adelantado, -a	fast
adelantarse	to get ahead, to advance
adelante	forward, ahead
además	besides, too, in addition
a diario	daily
adivinar	to guess, to divine
adquisición	acquisition, attainment
aduana	customs, customhouse
aeropuerto	airport
afabilidad	affability, graciousness
afán	anxiety, eagerness
aficionado, -a	"fan," enthusiast
afuera	outside
afueras	suburbs, outskirts
agarrar	to grasp
agitarse	to become excited
agosto	August
agradable	agreeable, pleasant
agradecer	to be grateful, to thank
agregar	to add, to collect
agua	water
aguardar	to wait, to wait for
aguinaldo	gift, present
ahí	there
ahogarse	to drown oneself
ahora	now
ahorrar	to save (money, etc.)

alabar	to praise, to commend
albóndiga	meatball
alcoba	bedroom
aldea	village, hamlet
alegrarse	to be glad
alegre	lively, gay, happy
alegría	joy, gaiety
algo	something
alguien	someone
alguno, -a	some, any
aliviar	to relieve
almacén, *m.*	warehouse
almorzar (ue)	to eat lunch
almuerzo	lunch
alquilar	to rent
alrededor	around
alto, -a	high, tall
alumbrar	to light, to illuminate
allá } **allí**	there
amable	kind, *adj.*
amanecer	to dawn
amar	to love
amarillo, -a	yellow
amargura	bitterness, sorrow
ameno, -a	pleasant
amigo, -a	friend
amor, *m.*	love
anciano, -a	old
andar	to go, to walk
anhelar	to long for
anillo	ring
animado, -a	lively, animated
anoche	last night
anochecer	to get dark
antes de	before

antiguamente	formerly, in olden times
antiguo, -a	old, ancient
añadir	to add
año	year
apartamiento	apartment
apellido	last name
a pesar de	in spite of
apetito	appetite
aplastar	to crush, to smash
apoyar	to rest on
aprender	to learn
apretar (ie)	to press down
aquel, aquella	that
aquí	here
árbol, *m.*	tree
aro	hoop, ring, basket
arrebatar	to grab, to take away
arreglar	to arrange, to fix
arreglo	arrangement
arrodillarse	to kneel
arrojado, -a	thrown
arroyo	brook, small river
arroz, *m.*	rice
asado	roast
asegurar	to assure
así	so, thus
asiento	seat
asignatura	subject, course
asomarse	to look out
asombro	amazement
asueto	day off, holiday
asustar	to frighten
ataque, *m.*	attack
atar	to tie, to bind
aterrizar	to land
a través	through

atreverse	to dare
atrio	atrium, porch
aula	classroom
aun	even
aún	still, yet
aunque	although, though
ausente	absent
automóvil, *m.*	automobile, car
autopista	expressway, turnpike
avenida	avenue
averiguar	to verify
avión, *m.*	plane
ayer	yesterday
ayudante, *m.*	assistant
ayudar	to help
azúcar, *m.*	sugar
azul	blue
bailar	to dance
bailarín, *m.*	dancer
baile, *m.*	dance
bajo, -a	low, down, under
balcón, *m.*	balcony
banco	bench
banda	band
bandera	flag, banner
bañarse	to take a bath
baño	bath
barato, -a	cheap
barba	beard
barco	boat, ship
barrio	section, neighborhood
bastante	enough, plenty
bastar	to be enough
basura	garbage
basurero	garbage dump; trash can

bazar, *m.*	department store
beber	to drink
bebida	drink
beca	scholarship
becerro	calf, young bull
bélico, -a	warlike
belleza	beauty
biblioteca	library
bicicleta	bicycle
billete, *m.*	ticket, bill
bizcocho	sweet roll
blanco, -a	white
blando, -a	soft
boca	mouth
bocacalle, *f.*	intersection
boda	marriage, wedding
boliche, *m.*	bowling
bolsa	purse
bolsillo	pocket
bonito, -a	pretty
borrador, *m.*	eraser
borrar	to erase
bosque, *m.*	woods, forest
bote, *m.*	boat
botón	button
brazo	arm
broma	joke, jest
brújula	compass
bufanda	scarf
buho	owl
buhonero	peddler
buscar	to search
búsqueda	search
butaca	armchair
cabello	hair

cabeza	head
cacería	hunting party
cada	each, every
caer	to fall
caja	box
calcetín, *m.*	sock
cálido, -a	warm, hot
caliente	hot, warm
calificación	mark, grade
calor, *m.*	heat, warmth
callar	to keep quiet
calle, *f.*	street
callejón	alley
cama	bed
cámara	camera
camarero	waiter
camarón	shrimp
cambiar	to change
caminar	to walk
camino	road
camisa	shirt
campaña	campaign
campiña	landscape, countryside
campo	field
canción	song
cancha	court, playing field
cansado, -a	tired
cansarse	to get tired
cantante, *m. & f.*	singer
cantar	to sing
cantidad	quantity
canturrear	to hum
cara	face, look
cargar	to load
cariño	love, affection
carne, *f.*	flesh, meat

caro, -a	expensive
carrera	race, profession, career
carretera	highway
carta	letter
casado, -a	married
casarse	to get married
casco	helmet
casi	almost
caso	case, event
catarro	cold
cazar	to hunt
celoso, -a	jealous
cena	supper
centro	center, downtown
ceñir	to gird, to circle
cerca de	near
cerdo	pig
cerrar	to close
cierto, -a	certain
cinta	ribbon, tape
cinturón	belt
circunvalación	encircling, going around
ciudad	city
claro, -a	clear; of course
clase, *f.*	class
cocina	kitchen
coche, *m.*	car, coach
codo	elbow
coger	to pick (up), to get
cojear	to limp
colegio	high school
colgar (ue)	to hang up
colina	hill
colocar	to place, to put
comedor, *m.*	dining room
comenzar (ie)	to begin

comer	to eat
comida	meal
cómodo, -a	comfortable
compartir	to share
comprar	to buy
comprender	to understand
concurso	contest, competition
condiscípulo	classmate
conocer	to know, to be acquainted (with)
conseguir (i)	to get, to obtain; to succeed in
consejo	advice
contar (ue)	to count
contestar	to answer
contigo	with you
contra	against
corazón	heart
corbata	tie
cordero	lamb
corona	crown
correctivo	corrective, punishment
corredor, *m.*	corridor
correo	mail
correr	to run
corrida de toros	bullfight
cortar	to cut
corto, -a	short, brief
costa	cost
costar (ue)	to cost
costilla	rib
costumbre	custom, habit
crecer	to grow
creer	to believe
criado, -a	servant
criar	to raise, to bring up, to nourish
cruce, *m.*	crossing
cruzar	to cross

cuadro	picture, painting
cual	which, who
cualquiera	any
cuando	when
cuarto	room
cuartucho	wretched small room
cubierto, -a	covered; *m.*, table service
cuchara	spoon
cucharita	teaspoon
cuchillo	knife
cuello	neck, collar
cuenta	account, bill
cuento	story, tale
cuerno	horn
cuerpo	body
cuidado	care, concern, careful
cuidar	to take care of
cumpleaños, *m.*	birthday
cumplir	to fulfill
cuñado	brother-in-law
chaqueta	jacket
charlar	to chat, to talk
chico	boy
chica	girl
choque, *m.*	collision
chorro	jet
chuleta	chop
dar	to give
dar gritos	to shout
darse cuenta de	to realize
deber	ought to, must
década	decade, ten years
decir	to say, to tell
dedo	finger

dedos del pie	toes
dejar	to leave, to abandon, to let
delgado, -a	thin
demás	rest, the rest of
demasiado, -a	too, too much; *pl.*, too many
deporte, *m.*	sport
de promedio	average
derecho, -a	right
derecho	law; straight
desaliñado, -a	sloppy, untidy, slovenly
desaparecer	to disappear
desarrollar	to develop
desayunarse	to have breakfast
desayuno	breakfast
descalzo, -a	barefooted
descansar	to rest
descubrir	to discover
descuidar	to neglect
desde	from
desenvolver (**ue**)	to develop
deslucido, -a	tarnished, spoiled
despacio	slow, slowly
despacho	office
despedirse (**i**)	to take leave, to say goodbye
despegar	to take off, to rise
desperezarse	to stretch one's limbs
despertar (**ie**)	to wake up
desplegar (**ie**)	to unfold
después de	after
detalle, *m.*	detail
detener (**ie**)	to stop, to detain, to arrest
detenidamente	thoroughly, carefully
detenimiento	stop, detention
detrás de	behind
devenir	to become
diario, -a	daily; *m.*, diary

dicha	happiness, luck
diciembre	December
diente, *m.*	tooth
difícil	difficult
dinero	money
dirección	address
dirigirse a	to address, to make one's way to
diseñar	to draw
disparate, *m.*	nonsense
divertido, -a	amusing, funny
divertirse (ie, i)	to have a good time
doblar	to fold, to turn
docena	dozen
dólar, *m.*	dollar
doler (ue)	to ache, to hurt
dolor, *m.*	pain
domingo	Sunday
dondequiera	wherever
dormir (ue, u)	to sleep
dormitorio	bedroom
dueño, -a	owner
dulce	sweet
durante	during
durar	to last
duro, -a	hard
echar de menos	to miss
edad	age
edificio	building
ejército	army
elegir (i)	to elect
elevado, -a	elevated; *m.,* "fly ball" (*baseball*)
elevador, *m.*	elevator
embestir (i)	to attack, to assail
embrujar	to bewitch
emparedado	sandwich

empezar (**ie**)	to begin
empleado, -a	employee
emplear	to employ; to hire; to use
empleo	employment, job, occupation
emprender	to undertake
empresa	enterprise, undertaking
encierro	enclosure
encontrarse (**ue**)	to meet
enero	January
enfadarse	to get angry
enfermedad	sickness
enfermo, -a	sick, ill
enfoque, *m.*	focus
enfurecerse	to become angry
enganchar	to hook
enojar	to irritate, to anger
enojo	anger, annoyance
ensalada	salad
ensayar	to try, to rehearse
en seguida	immediately, right away
enseñar	to teach, to show
entender (**ie**)	to understand
enterar	to learn, to find out
entero, -a	entire, whole
entonces	then
entrada	entrance
entrar en	to enter
entre	between, among
entregar	to deliver
entrenarse	to train oneself
entretenido, -a	entertaining, amusing
entrevista	interview
entusiasmarse	to be enthusiastic
envidiar	to envy
enyesar	to chalk, to plaster
equipaje, *m.*	baggage, luggage

equipo team, crew; equipment
equivocado, -a wrong, mistaken
esbelto, -a graceful, slender
escalera stairs
escaparate, *m.* show window
escoger to choose
escolar scholastic, school (*as adj.*)
escopeta shotgun
escribir to write
escritorio desk
escuchar to listen
escuela school
esfuerzo effort
esparcimiento amusement, recreation
espejo mirror
esperanza hope
esperar to hope; to wait for; to expect
esposa wife
esposo husband
esquina corner
esquis skis
esquivar to avoid, to evade
estación station, season
estacionamiento parking
estadio stadium
estancia farm, ranch
estómago stomach
estrechez tightness, narrowness
estrecho, -a narrow
estrella star
estudio study
etapa stage
exigir to require, to demand
éxito outcome, success
explorador explorer
extrañar to surprise

fábrica	factory
fácil	easy
falda	skirt
faltar	to lack
febrero	February
fecha	date
felicidad	happiness
feliz	happy
fiebre	fever
fiel	faithful
fiesta	holiday, feast
figurarse	to imagine
fijarse en	to notice
fin, *m.*	end, purpose
finalizar	to end, to terminate
flaco, -a	thin, lean
folleto	pamphlet
fonógrafo	phonograph
fracasar	to fail
frasco	flask
freno	brake
frente, *f.*	forehead
fresco, -a	cool, fresh
frío, -a	cold
frito	fried
fruta	fruit
fuego	fire
fuera	outside
fuerza	force
fusil	rifle, gun
gafas	eyeglasses
gallardo, -a	daring, brave, gallant
ganar	to win
gancho	hook
garganta	throat

gasolina	gasoline
gastar	to spend, to use, to consume
gasto	expense, cost
gentío	crowd
gobierno	government
golpe, *m.*	hit, blow
golpear	to hit, to strike, to beat
gordo, -a	fat
gozar de	to enjoy
gracias	thanks
gradería	series of seats; bleachers
grosero, -a	gross, coarse, rough
gris	grey
grueso, -a	thick, bulky, heavy
guante, *m.*	glove
guardar	to keep, to save, to watch over
guerrero, -a	warlike; *m.*, warrior
guía, *m.*	guide
guitarra	guitar
gustar	to like, to please
gusto	taste, pleasure, liking
haber	to have (*aux. verb*)
hábil	skillful, able
habitación	room, dwelling, habitation
hablar	to speak, to talk
hacer	to make, to do
hacia	toward
hacienda	farm, ranch
hallar	to find
hambre	hunger
hamburguesa	hamburger
hasta	until, up to; even
hay	there is, there are
helado, -a	frozen, icy
herido, -a	wounded, injured

herir (ie, i)	to wound
hermana	sister
hermano	brother
hermoso, -a	beautiful, handsome
héroe	hero
hielo	ice
hígado	liver
hijo	son
hogar, *m.*	home
hoja	leaf
holgadamente	easily, comfortably
holgura	ease, repose, laxity
hombre	man
hombro	shoulder
hora	hour, time
horario	timetable, schedule
hoy	today
hueso	bone
huevo	egg
húmedo, -a	humid
humilde	humble

idioma, *m.*	language
iglesia	church
igual	equal
impermeable	raincoat
incierto, -a	uncertain
incipiente	incipient, beginning
increíble	incredible
inestable	unstable
ingeniero	engineer
insistir en	to insist on
intercambio	interchange
interés, *m.*	interest
interesado, -a	interested
interesarse (por)	to be interested (in)

invierno winter
invitado, -a invited; (*noun*) guest
ir de pesca to go fishing
izquierdo, -a left

jamás never
jamón ham
jardín, *m.* garden
jefe, *m.* chief, head, boss
jira trip, excursion
joven young
juego game
jueves Thursday
juez, *m. & f.* judge
jugador, *m.* player
jugar (ue) to play
jugo juice
julio July
junio June
juntarse to get together
juntos, -as together
juventud youth
juzgar to judge, to consider

kilómetro kilometer
kilo kilogram
kiosko newsstand

labio lip
lado side
ladrar to bark
lago lake
lana wool
lanzar to throw
lápiz, *m.* pencil
largo, -a long

lástima	pity
lastimar	to hurt, to injure
lastimoso, -a	sad, doleful
lata	tin can
lavar	to wash
lazo	knot, tie
lección	lesson
leche, *f.*	milk
lechuga	lettuce
leer	to read
legumbre, *f.*	vegetable
lejos (de)	far (from)
lema, *m.*	motto, theme
lengua	language, tongue
lentes, *m. pl.*	eyeglasses
letrado, -a	erudite, learned; *m.*, lawyer
letrero	sign
levantarse	to rise, to get up
ley, *f.*	law
libertad	liberty
libra	pound
libre	free
libro	book
licencia	license
ligero, -a	light
limón	lemon
limpio, -a	clean
lindo, -a	pretty, lovely
lista	list
listo, -a	intelligent
loco, -a	crazy, mad
lograr	to gain, to obtain; to succeed in
luciérnaga	firefly
lucir	to gleam, to glow, to shine; to appear, to look (+ *adj.*)
lucrativo, -a	lucrative, profitable

lucha	fight
luego	soon, later, then
lugar	place
lujo	luxury
lumbrera	skylight; distinguished person
luna	moon
lunes	Monday
luz, *f.*	light
llaga	wound
llama	flame
llamar	to call
llamarse	to be called, to be named
llanta	tire
llegada	arrival
llegar	to arrive
lleno, -a	full
llevar	to carry, to take away
llevar a cabo	to finish, to complete
llorar	to weep, to cry
llueve	it rains
lluvia	rain
madre	mother
madrugada	early morning
maestro, -a	teacher
magisterio	teaching, body of teachers
magnitud	magnitude
maíz, *m.*	corn
maleta	suitcase
malo, -a	bad
mamá	mama, mother
mandar	to order, to command, to send
manejar	to drive
manera	manner
manga	sleeve

mano, *f.*	hand
mantequilla	butter
manzana	apple; (street) block
mañana	morning; *adv. & m.*, tomorrow
mar, *m. & f.*	sea
marcharse	to go away, to leave
marido	husband
marina	navy
marisco	shellfish, seafood
martes	Tuesday
marzo	March
más	more
matamoscas, *m.*	fly swatter
mayo	May
mayor	older, larger
mecanografía	typing
media	stocking
medianoche, *f.*	midnight
médico	doctor, physician
medida	measurement
mediodía	midday, noon
mejilla	cheek
mejor	better, best
menor	younger, smaller
menos	less, least
mente, *f.*	mind
menudo, -a	small, slender
mercado	market
merecer	to deserve, to be worth
merienda	snack
mes, *m.*	month
mesa	table
meta	end, goal
metro	meter; subway
miedo	fear
mientras	while, so long as, whereas

miércoles	Wednesday
mirar	to look at
misa	mass
mismo, -a	same, self
mitad	half
moda	style
molestar	to bother
moneda	coin
mono, -a	nice, pretty, neat, funny, "cute"
mono	monkey
montaña	mountain
mortero	mortar
mostrar (ue)	to show
muebles, *m. pl.*	furniture
mujer	woman; wife
mundo	world
muñeca	doll; wrist
músculo	muscle
músico, -a	musical; *m. & f.*, musician
muy	very, very much
nada	nothing
nadar	to swim
nadie	no one
naranja	orange
natación	swimming
nariz, *f.*	nose
Navidad	Christmas
neblina	fog, mist
necesitar	to need
negocio	business
ni	neither, nor
nieva	it snows
ninguno, -a	no, not any, no one
niño, -a	child
nivel, *m.*	level

noche, *f.*	night
nombre, *m.*	name
norte, *m.*	north
nota	note
noticias	news
novato, -a	novice, beginner
novedad	novelty, new thing
noviembre	November
novio, -a	fiancé(e), sweetheart
nube, *f.*	cloud
nuca	nape of the neck
nunca	never
obscuridad	obscurity, darkness
octubre	October
ocupado, -a	occupied, busy
ocurrir	to occur, to happen
odio	hate
oeste, *m.*	west
oferta	offer
oficina	office
ofrecer	to offer
oír	to hear
¡ojalá!	I hope, would that
ojo	eye
oler (ue)	to smell
olvidar	to forget
oprimir	to oppress
oreja	ear
orgullo	pride
oro	gold
oscuro, -a	dark
oso	bear
otoño	autumn, fall
padre	father

pagar	to pay
página	page
país, *m.*	country, nation
paisaje	landscape, view
palabra	word
palacio	palace, castle
paletilla	shoulder blade
pálido, -a	pale
paloma	dove, pigeon
pan, *m.*	bread
pantalones, *m. pl.*	trousers, pants
pantalla	screen
pantorrilla	calf of the leg
papá	papa, dad
papas fritas	french fries
papel, *m.*	paper; role
paquete	package
parapeto	railing, parapet
parar	to stop
pardo, -a	brown
parecido, -a	like, similar
pared, *f.*	wall
pareja	pair, couple
pariente, *m.*	relative
parque, *m.*	park
parroquiano, -a	client, customer
parte, *f.*	part
partido	game
partir	to leave; to divide
pasado, -a	passed, last
pasar	to pass, to happen
Pascua Florida	Easter
pasearse	to walk, to stroll
paseo	walk, stroll
pasillo	hall, corridor
pastel, *m.*	pie

pata	paw
patada	kick
patear	to kick
patinar	to skate
patrocinar	to sponsor
pavo	turkey
paz, *f.*	peace
pedir (i)	to ask for, to request
pelea	fight
peligroso, -a	dangerous
pelo	hair
pensar (ie)	to think, to intend
penumbra	penumbra, semi-darkness
peor	worse, worst
perder (ie)	to lose
perdonar	to pardon, to forgive
perro	dog
perturbar	to perturb, to disturb
pesadilla	nightmare
pesca	fishing
pescado	fish
peso	weight
pez, *m.*	fish
pie, *m.*	foot
piedra	stone
pierna	leg
pilar, *m.*	pillar, support
píldora	pill
pintor, -a	painter
piscina	swimming pool
piso	floor, story
plano, -a	level, flat, smooth
plantel	training school, educational institution
plata	silver, money
platillo	saucer
plato	dish

playa beach
pliegue, *m.* pleat, fold
pobre poor
poco, -a little (*in quantity*); *pl.*, few
poder (ue) to be able to
poderío power, might
pollo chicken
poner to put
posada inn
postre, *m.* dessert
prado field, lawn
precavido cautious, guarded
precio price
pregunta question
preguntar to ask
premio prize, award
prensa press
prestar to lend
presto quick
prevenir to foresee, to prevent
primavera spring
primo cousin
principio beginning
prisa hurry, haste
probar (ue) to try, to taste
proeza prowess, feat, stunt
prometedor, -a promising
prometido, -a betrothed, engaged; fiancé(e)
pronto soon, quickly
propina tip
provenir to arise, to originate
próximo, -a next
proyecto project
pueblo town, people
puerta door
pues then, for, since (*conj.*)

puesto	position
puntapié, *m.*	kick
pupitre, *m.*	pupil's desk
quebrar (ie)	to break
quedarse	to stay, to remain
queja	complaint
quejarse	to complain
quemar	to burn
querer (ie)	to want; to love
querido, -a	dear
queso	cheese
quimera	chimera, fancy
quitarse	to remove, to take off
quizá, quizás	perhaps
raíz, *f.*	root
rama	branch
raquítico, -a	rachitic, feeble
rascacielos	skyscraper
rasgo	deed; feature, characteristic
rato	short time, while
razón, *f.*	reason
rebanada	slice
recibir	to receive
recoger	to gather, to collect
reconocer	to recognize
recordar (ue)	to recall, to remind
recorrer	to run over
recreo	recreation
recuerdo	recollection
recuerdos	regards
red, *f.*	net, network
redondel, *m.*	bull ring
redondo, -a	round
refrescos, *pl.*	refreshments

refresquería	shop in which light refreshments are served
refugiarse	to take refuge
regalar	to give, to donate
regalo	gift
regar (ie)	to water
regresar	to return
reina	queen
reír (í)	to laugh
reloj, *m.*	watch
remo	oar
remontar	to rise; to date from
reñido, -a	hard-fought
repaso	review
reprochar	to reproach
retoque	retouch
reunión	meeting
reunirse	to convene, to meet
revista	magazine
rey	king
rico, -a	rich
rincón	corner
río	river
risueño, -a	smiling, pleasing
rodear	to surround
rodilla	knee
rojo, -a	red
romper	to break
ropa	clothing
roto, -a	broken
rubio, -a	blond
rugir	to roar
ruido	noise
sábado	Saturday
saber	to know, to know how

sabiduría	wisdom
sabroso, -a	tasty
sacar	to take out, to pull out, to bring out
sala	living room, parlor, hall
salida	exit
salir (de)	to leave
saltar	to jump
salud	health
saludar	to greet
sandía	watermelon
sangre, *f.*	blood
sarampión	measles
sed, *f.*	thirst
segadora	mower, mowing machine
seguir (i)	to follow, to pursue
seguridad	security, certainty
seguro, -a	sure, certain
semana	week
sencillo, -a	simple
senda	path
señal, *f.*	sign
sentarse	to sit down
sentirse	to feel
septiembre	September
ser	to be
serenata	serenade
serio, -a	serious
servilleta	napkin
servir (i)	to serve
siempre	always
siesta	afternoon nap
siglo	century
siguiente	following, next
silla	chair
simpático, -a	nice, likable
sin	without

sino	but, rather
sirviente, *m.*	servant
sitio	place
sobar	to squeeze, to massage, to soften
sobra	surplus, left over
sobre	on, over
sobre, *m.*	envelope
sobrino	nephew
socorrer	to aid, to help
sol, *m.*	sun
soler (ue)	to be accustomed to
solicitar	to solicit, to apply for
solicitud	application
solo, -a	alone; lonely
sólo, *adv.*	only
soltar (ue)	to loosen, to untie, to let go (of)
sombrero	hat
sonreír (í)	to smile
sonrisa	smile
sopa	soup
sorbo	swallow
sótano	basement
subir	to climb, to raise
sucio, -a	dirty, messy
sudar	to sweat
sueldo	salary, wages
suelo	ground, floor
suelto, -a	free, light, loose
sueño	dream
suerte, *f.*	luck
taconeo	tap dance, stamping made with the heels
tal	such, such a
talle, *m.*	shape, figure; waist
taller	workshop
tamaño	size

también	also, too
tampoco	neither
tan	as, so
tanto	as much, so much
tapar	to cover (up), to stop up
tarde, *adv.*	late
tarde, *f.*	afternoon
tarea	chore, task, homework
tarjeta	card
tarro	jar
taurómaco	bullfight fan
taza	cup
té	tea
temor, *m.*	fear
templo	temple
temporada	season
temprano, -a	early
tenebroso, -a	dark, gloomy
tenedor, *m.*	fork
tener (ie)	to have
tener ganas de	to feel like, to want to
terminar	to end, to finish
ternera	veal
ternura	tenderness
tibieza	lukewarmness
tiempo	time, weather
tienda	store
timbre, *m.*	bell
tinta	ink
tinte, *m.*	tint, shade (*of color*)
tío	uncle
tipógrafo	printer
tirar	to throw, to shoot
tiro al blanco	target shooting
tiza	chalk
tobillo	ankle

tocadiscos	record player
tocar	to play (an instrument)
tocino	bacon
todavía	still, yet
todo, -a	all, whole, full
tomar	to take, to drink
tomate, *m.*	tomato
tono	tone
tonto, -a	foolish
torcer (ue)	to twist
toro	bull
tosco, -a	rough, coarse
trabajar	to work
trabajo	work
traer	to bring
traje, *m.*	suit
trapo	cloth
trasero	back, rear
tren, *m.*	train
trenza	braid
trepar	to climb
triste	sad
tristeza	sadness
trueno	thunder
tumbar	to knock down
últimamente	lately, recently
último, -a	last, latest
ungüento	ointment
único, -a	only, sole
uña	nail
usar	to use
útil	useful
uva	grape
vaca	cow

vacaciones, *f. pl.*	vacation
vacante	empty, vacant, unoccupied
valiente	brave
valor, *m.*	bravery, value, worth
valla	obstacle, fence
valle, *m.*	valley
varios, -as	various, several
vaso	glass
vecindario	neighborhood
vecino, -a	near, neighbor
veda	prohibition
velocidad	velocity
veloz	fast
vencer	to defeat, to conquer
vendedor, *m.*	salesman
vender	to sell
veneno	poison
venir	to come
venta	sale
ventana	window
ver	to see
veraniego, -a	relating to summer
verano	summer
verdad	true
verde	green
vergüenza	shame
vestido, -a	dressed
vez, *f.*	time, turn
viajar	to travel
viaje, *m.*	travel, trip
vida	life
vidrio	glass
viejo, -a	old
viento	wind
viernes	Friday
vigilador, *m.*	guard

vigilar	to watch over, to guard
vino	wine
víspera	eve, day before
vivienda	dwelling, house
vivir	to live
volver (ue)	to turn, to return
vuelo	flight
ya	already, now
yendo	going
yerba	weed, grass
zanahoria	carrot
zapatería	shoe store
zapato	shoe